―Español avanzado―

Plaza Mayor II

con 2CD

Edición Revisada

◆ プラサ・マヨール II 改訂版（CD2枚組）◆
―レベルアップ・スペイン語―

ピエダー・ガルシア　　青砥清一
シルビア・ゴンサレス　高野雅司
パロマ・トレナド　　　高松英樹
グレゴリ・サンブラノ　二宮哲
　　　　　　　　　　　松井健吾
　　　　　　　　　　　柳沼孝一郎

朝日出版社

PAÍSES HISPANOHABLANTES

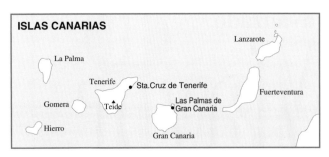

―― 音声サイト URL ――

本テキスト添付の CD の内容を含む全音声が web 上でも
お聞きいただけます.

http://text.asahipress.com/free/spanish/plazamayor2/index.html

スペイン語のレベルアップをめざす人のために

　スペイン語は，スペインをはじめラテンアメリカ諸国すなわちイベロアメリカの20以上の国々と，米国のヒスパニックを含め4億5000万人の人々によって話されている言語で，国連など国際機関の公用語でもあります．グローバル化が急速に進行する昨今，日本とスペイン語圏諸国との政治外交関係，国際ビジネス，技術協力そして文化交流など，一層緊密化する現代国際社会においてより高度なスペイン語運用能力をそなえた人材がますます求められます．スペイン語はまさに「21世紀の国際語」にふさわしい言語です．

　本書 Plaza Mayor II -Español avanzado- は，入門書 Plaza Mayor I -Español comunicativo- の姉妹編で，Plaza Mayor I でスペイン語を学んだ方がさらにグレードアップを目指すために，中級レベルのテキストとして編纂されたものです．Plaza Mayor I の基礎の上に Plaza Mayor II の応用があるわけですが，かならずしも I の続きが II というわけではなく，II からでも中級スペイン語の学習に充分対応できるように工夫しています．全11課で構成されていますが，1課から4課までは直説法過去，完了時制，未来時制，再帰動詞，無人称表現など Plaza Mayor I で学んだスペイン語の根幹をなす学習事項を再確認し，5課から11課までは接続法（現在，過去，現在完了，過去完了），条件文などを中心とした学習に充ててあります．このテキストの特徴は次のとおりです．

◇ 各課は，Diálogo, Puntos Claves, Guía Práctica Gramatical, Ejercicios, Lectura, Cultura で構成されています．Diálogo はその課の学習事項や慣用表現を用いた会話編です．登場人物は Plaza Mayor I の主役を中心に物語が展開されていきます．中級レベルにあわせ，聞き取る力を養うために会話文は長めに工夫されています．

◇ Puntos Claves は Diálogo の重要表現や文法事項の解説・説明です．必ず目を通して独習・予習に役立ててください．

◇ Guía Práctica Gramatical はその課の学習事項の文法解説です．スペイン語の文構造や時制などの理解を深めるために多くの例文が記載されてあります．

◇ Ejercicios は [A]（文法演習，課によっては [A-1], [A-2] および [A-3] で構成），[B]（ネーティブスピーカーによる会話・筆記演習，課によっては [B-1], [B-2] で構成），[C]（スペイン語訳演習，スペイン語の記述力の養成を考え各課10問を設定してあります）の3部で構成されています．練習問題を選択して学習することも可能ですが，[A], [B], [C] は補完しあうよう工夫されていますから，すべて網羅的に学習することをお薦めします．

◇ Lectura と Cultura は読解力を養うためのもので，スペインの地理，風俗習慣，歴史，文化，政治経済など様々な観点から平易な文でスペインが紹介されています．

◇ 語彙力を養うために，巻末に各課別の VOCABULARIO AVANZADO（レベルアップ語彙）を掲載しました．

　本書の出版の機会を与えて下さり，全面的な支援と有益な助言を賜りました朝日出版社の藤野昭雄氏と山田敏之氏そして山中亮子氏には心から感謝の意を表するものです．

　このテキストがさらにスペイン語を学びたいと熱望する皆さんに多少なりともお役に立てれば法外の喜びです．

Querer es poder.

2018年中秋

著者

ÍNDICE（目次）

登場人物相関図 —— 『プラサ・マヨール』で数十倍楽しく学ぶために 0, 1

Lección 1 —— *Nos dijo que pensaba visitarte alguna vez.* 2

    1. 直説法点過去　　2. 直説法線過去　　3. 直説法現在完了
    4. 直説法過去完了　　5. 主節と従属節の時制の関係
    Lectura 1　　　　　Cultura 1

Lección 2 —— *Creía que podría terminar el trabajo en una semana.* 10

    1. 直説法未来　　2. 直説法過去未来　　3. 直説法未来完了
    4. 直説法過去未来完了
    Lectura 2　　　　　Cultura 2

Lección 3 —— *Me contó que se había caído por la escalera.* 18

    1. 再帰動詞　　2. 関係代名詞
    Lectura 3　　　　　Cultura 3

Lección 4 —— *¿Sabes si se come bien allí en Mallorca?* 26

    1. 再帰受身(**se** + 他動詞の3人称単数形・複数形)
    2. 無人称表現(**se** を使った無人称文)
    3. 無意思表現 (**se** + 間接目的語 + 動詞の3人称形 + 名詞)
    Lectura 4　　　　　Cultura 4

Lección 5 —— *Queremos que nos hables de tu vida en Madrid.* 34

    1. 接続法（その１）（現在の活用—規則変化動詞／現在の用法—名詞節）
    Lectura 5　　　　　Cultura 5

Lección 6 —— *Iremos de viaje otro día que nos venga bien.* 42

    1. 接続法（その２）（現在の活用—不規則変化動詞／現在の用法—形容詞節）
    Lectura 6　　　　　Cultura 6

Lección 7 —— *Esta noche les llamaré para que sepan que estoy aquí.* 50

    1. 接続法（その３）（現在の用法—副詞節，独立文）
    Lectura 7　　　　　Cultura 7

Lección 8 —— *En mi familia no había nadie que fuera abogado.* ———— 58
  1. 接続法過去（活用／用法──従属節に接続法過去が用いられる場合，
    独立文，婉曲表現，**como si** + 接続法過去〔**-ra** 形〕）
  Lectura 8   Cultura 8

Lección 9 —— *Te agradezco mucho que me hayas traído tantos regalos.* ———— 66
  1. 接続法現在完了 2. 接続法過去完了 3. 比較表現のまとめ
  Lectura 9   Cultura 9

Lección 10 —— *Si fuera posible, a mí me vendría bien en septiembre.* ———— 74
  1. 条件文（その１）（現実的条件文，非現実的条件文，譲歩表現）
  Lectura 10   Cultura 10

Lección 11 —— *Si hubiéramos tenido tiempo, habríamos ido a Salamanca.* ———— 82
  1. 条件文（その２）（非現実的条件文，仮定的譲歩文）
  Lectura 11   Cultura 11

VOCABULARIO AVANZADO ———————————————————— 90

装丁
メディア　アート

イラスト・地図製作
岩崎三奈子

写真提供
スペイン政府観光局
柳沼孝一郎
Shutterstock

『プラサ・マヨール』で数十倍楽しく学ぶために

Plaza Mayor I に登場した，サラマンカに暮らすホセさん一家の息子や娘たち，そこにホームステイしていた日本人留学生マコト，あれから数年後，皆はそれぞれの道を歩んでいます．

- ホセさんは弁護士事務所を閉め，すでに引退し，悠々自適の毎日です．妻のマリアさんを連れだってスペイン各地を巡り歩いています．カルリートスと呼ばれていた末っ子のカルロスだけが両親と一緒に暮らしています．

- 長男のアントニオはサラマンカ大学法学部を卒業，現在はマドリードのある弁護士事務所に勤めています．恋人のソニアは事務所の同僚で，彼女も弁護士です．

- 小学校教師で長女のカルメンは大手銀行に勤務するフェルナンドと結婚し，夫の仕事の関係でバルセロナに住んでいます．

- 次女エレナは大学を卒業後，ロンドンにある大学院で勉学研究に励む日々を送っています．エレナの恋人エクトルはアルゼンチン人で航空会社に勤務する，ハンサムでスポーツが大好きな青年です．

- 末っ子のカルロスはまもなく高等学校を卒業しますが，大学では情報科学を専攻したいと考えています．昨年の夏，彼は中米グアテマラでボランティア活動に参加しました．

- マコトはスペイン留学を終え，日本に帰国し政治経済学部を卒業，大学院で国際政治学の学位を取得，現在は大学教員です．学会などでヨーロッパに出張するときにはスペインに立ち寄り，ホセさん一家と旧交を温め，留学時代に知り合った旅行会社に勤務するラウラのところを訪ねます．

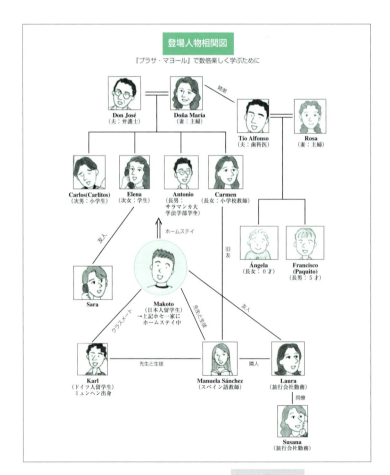

数年後…

登場人物相関図

『プラサ・マヨール II』の会話を数倍楽しく学ぶために

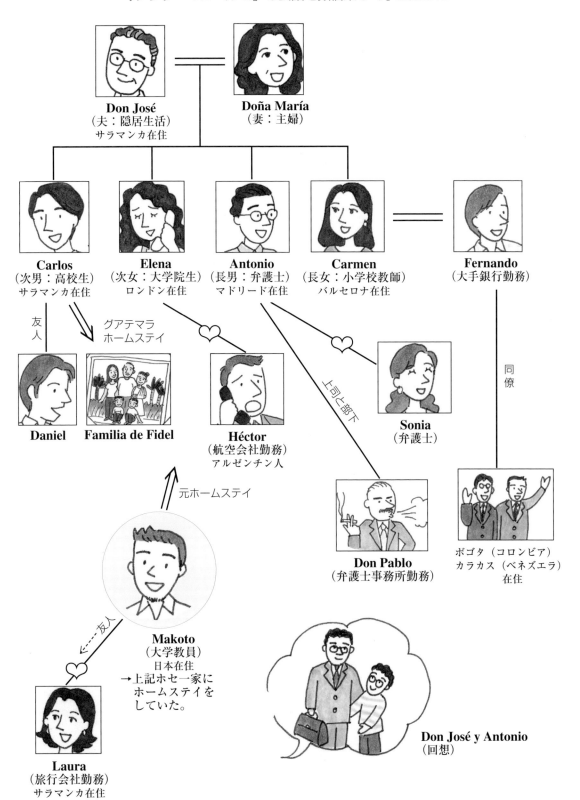

Lección 1   Nos dijo que pensaba visitarte alguna vez.

(Elena ha vuelto a España para pasar unos días con su familia. Ahora está en Salamanca en casa de sus padres.)

Doña María : ¡Qué alegría tenerte otra vez aquí, hija!

Elena : Mamá, no sabes **qué ganas tenía de veros y comer otra vez los ricos platos que preparas.** ¿Cómo están mis hermanos?

Don José : A Carlos ya le has visto, **está hecho todo un hombre.**

Doña María : **A Antonio le van muy bien las cosas en Madrid,** y Carmen, ya sabes, acostumbrándose poco a poco a su nueva vida en Barcelona.

Elena : ¿Sabéis algo de Makoto?

Don José : Sí, nos llamó por teléfono hace unos días. **Nos contó que había encontrado un trabajo muy bueno y que estaba muy contento.**

Elena : ¿No os preguntó por mí?

Doña María : Sí, claro, nos preguntó por todos. Ya le dijimos que estabas estudiando en Londres.

Don José : Cuando lo oyó, **nos dijo que pensaba visitarte alguna vez allí. Parece que viene a Europa con frecuencia a dar conferencias** en distintas universidades. Por cierto, **nos contó que había estado pocos días antes en Roma para asistir a un congreso, pero que no había podido acercarse hasta España.**

Puntos Claves 1

1) **qué ganas tenía de veros y comer otra vez los ricos platos que preparas.**
   （私がどんなにあなたたちに会いたいと思い，あなた〔お母さん〕が作ってくれる美味しい料理を食べたいと思ったことか）

   qué ganas tenía は感嘆文，**tener ganas de + 不定詞**は「〜したくてたまらない」の強い願望を表わす．veros は ver「会う」+ os「君たちを（直接目的格人称代名詞）」から成る．que は関係代名詞（〜であるところの）で先行詞は los ricos platos となる．

2) **está hecho todo un hombre.** （彼はすっかり男らしくなった）

   hecho は hacer「〜になる」の過去分詞の形容詞形．todo は副詞で「すっかり」の意味．

3) **A Antonio le van muy bien las cosas en Madrid,**
   （アントニオはマドリードで何事もなく暮らしています）

   ir bien は「（物事が）うまくいく，順調である」の意味の熟語．

4) **Nos contó que había encontrado un trabajo muy bueno y que estaba muy contento.** （彼はとてもいい仕事が見つかって，とても満足していると私たちに話してくれた）

   había encontrado は直説法過去完了で「過去のある時点より以前に完了した出来事」，つまり contó「話してくれた」よりも以前に仕事が見つかったことを表わす．estaba muy contento は contó と同一の時点で行われている，つまり「話してくれた」時点では満足していることを表わす．

5) **nos dijo que pensaba visitarte alguna vez allí.**
   （彼はそのうち向こう〔ロンドン〕にいるお前を訪ねるつもりだと言っていた）

   主節が点過去 dijo，接続詞 que 以下の pensaba は線過去で，主節と従属節の行為が同じ時点に生じた事柄を表わす．
   Nos dice que piensa visitarte alguna vez.
   （彼はそのうちお前のところを訪ねるつもりだそうだ）

6) **Parece que viene a Europa con frecuencia a dar conferencias**
   （彼は〔いろいろな大学で〕講演をするために頻繁にヨーロッパに来ているらしい）

   parecer の 3 人称単数形 **parece que...** は「〜らしい，〜のようである」の意味を表わす．dar conferencias は「講演する」の意味．

7) **nos contó que había estado pocos días antes en Roma para asistir a un congreso, pero que no había podido acercarse hasta España.** （会議に出席するためローマに数日前に滞在したんだけど，スペインまで足をのばすことができなかったと言っていた）

   había estado en Roma「ローマに滞在した」と，no había podido acercarse「立ち寄ることができなかった」は直説法過去完了で，主節の contó「話してくれた」よりも以前の出来事を表わしている．

Guía Práctica Gramatical 1

1. 直説法点過去

過去の出来事を瞬時的・完結的なことして表わす時制で，日本語の「〜した」にあたる．直説法現在と同様にスペイン語の動詞の活用の基本であり，スペイン語でコミュニケーションをとる際に使用頻度の高い時制である．

> ★ 動詞の活用（規則活用，不規則活用）を反復練習し正確に覚えることが大切．

1） **瞬時的・完結的な行為**：「尋ねた」とか「見た」といった瞬時的・完結的な行為を表わす．
   ¿No os preguntó por mí? — Sí, claro, nos preguntó por todos.
   El otro día la vi en el centro comercial.

2） **継続的な状態だが，完結的な行為を表わす場合**：「10時まで会社にいた」とか「スペインに10年間暮らし（てい）た」のように継続的状態であっても，その状態が期間や期限などを示す語句と共に完結的なものとして表わされる場合は点過去で表現するのが一般的である．
   Mi padre vivió unos diez años en Estados Unidos.

2. 直説法線過去

過去の出来事を，継続的・反復的または習慣的，しかも非完結的なものとして表わす時制．また，主節の動詞が過去の場合，従属節で時制を主節の時制に一致させる時にも用いられる．
不規則活用動詞は以下の3つのみ．

> ser : era, eras, era, éramos, erais, eran
> ir : iba, ibas, iba, íbamos, ibais, iban
> ver : veía, veías, veía, veíamos, veíais, veían

1） **継続的・習慣的な出来事**
   Cuando éramos niños, vivíamos en el campo.
   Yo iba a la biblioteca a leer libros cuando era estudiante.

2） **丁寧な表現**
   Buenas tardes, quería un billete para Alicante.

3） **時制の一致**
   Me dijo que ella estaba cansada.

3. 直説法現在完了

> 助動詞 haber の直説法現在 ＋ 過去分詞（無変化）
> (he, has, ha, hemos, habéis, han)

1 **過去分詞の作り方**：hablar→ habl**ado**, beber→ beb**ido**, vivir→ viv**ido**

2 **不規則な過去分詞**：abrir→ **abierto**, escribir→ **escrito**, ver→ **visto**, etc.

現在までにある行為が完了したことを表わすが，点過去や線過去とは違い，物理的にも心理的にも現在に近い出来事についてはこの時制が用いられる．

1) **現時点よりも以前にすでに完了した行為**（～してしまった，～し終えた）

    Elena ha vuelto a España para pasar unos días con su familia.

    A Carlos ya le has visto, está hecho todo un hombre.

2) **現在までの経験**（～したことがある）

    He visto algunas películas españolas.

3) **現在までその結果が及んでいる過去の行為・状態**（今日まで～して来た），**あるいは現在の時点を含むなかでの過去の出来事を表わす．**

    La industria electrónica de Japón ha progresado mucho.

    Esta mañana me he levantado tarde y he perdido el tren de siempre.

    Se me han quedado cortos los pantalones.

4. 直説法過去完了

> 助動詞 haber の直説法線過去 ＋ 過去分詞（無変化）
> **(había, habías, había, habíamos, habíais, habían)**

ある出来事を，過去のある時点より以前にすでに完了したものとして表わす．

Cuando llegué a la estación, el tren ya había salido.

Cuando volví a casa, mis padres ya se habían acostado.

5. 主節と従属節の時制の関係

主節の時制	従属節の時制		例文番号
現在・現在完了・未来	主節より前の時点	現在完了・過去時制	①
	主節と同じ時点	主節と同じ時制	②
	主節より後の時点	未来時制	③
過去	主節より前の時点	過去完了	④
	主節と同じ時点	線過去	⑤
	主節より後の時点	過去未来（→Lección 2）	⑥

{① Todo el mundo **piensa** que **se casó** sólo por interés.
{① Todo el mundo **pensará** que **se ha casado** sólo por interés.

{**Dicen** que **han llegado** más de 1.000 turistas.
{④ **Dijeron** que **habían llegado** más de 1.000 turistas.

{② **Dice** que le **duele** una muela.
{⑤ **Dijo** que le **dolía** una muela.

{③¿**Cree** usted que pronto **habrá** elecciones generales?
{⑥¿**Creía** usted que pronto **habría** elecciones generales?

Ejercicios 1

[A] (   ) 内の不定詞を点過去，線過去，現在完了または過去完了の時制にしなさい．

1) ¿Qué (hacer-   )(tú) ayer?
   — No (hacer-   ) nada de particular.
2) Mi abuelo (morir-   ) el año pasado de un ataque al corazón.
3) Ayer yo (tener-   ) que ir al Ayuntamiento por un documento, por eso no (poder-   ) ir al dentista.
4) Anoche (ir-   )(tú) a una fiesta, ¿verdad?
   ¿(Haber-   ) mucha gente?
5) Cuando (ser-   ) (nosotros) jóvenes, (jugar-   ) al fútbol casi todos los días.
6) Hasta hace cinco años aquí (haber-   ) un puente.
7) María me (decir-   ) que (querer-   ) ver una película.
8) Doña María me dijo que le (doler-   ) mucho la espalda y no (poder-   ) agacharse.
9) (Llover-   ) mucho esta mañana.
10) ¿(Estar-   )(vosotros) alguna vez en Argentina?
    — No, nunca (estar-   ) en Argentina.
11) Elena dijo que no (ver-   ) nunca una película tan divertida.
12) Carlos le dijo a su padre que ya (hacer-   ) los deberes.
13) Yo lo hice tal como me lo (decir-   ) usted.
14) No sabíamos que don José (volver-   ) de viaje hacía una semana.
15) Ayer vino Juan, a quien no (ver-   ) desde hacía mucho tiempo.

[B-1] 次の直接話法を例にならって間接話法にしなさい．

Ejemplo   *Leticia* : Vivo cerca de la Puerta del Sol.
¿Qué te *dijo* Leticia? — Leticia me dijo que *vivía* cerca de la Puerta del Sol.

1) Me duele la cabeza.
2) Hoy es mi cumpleaños.
3) Estudié francés en la universidad.
4) La semana pasada fuimos al cine.
5) No me he puesto nunca *kimono*.

[B-2] 適切な時制を使って文を完成させなさい.

1) 父が家に帰ったのは夜の11時でした. (las, de, volver a casa, la, once, ser, noche)

2) この前の日曜日，家内と私は一日中，家にいました.
 (todo el día, esposa, en casa, el domingo pasado, estar)

3) 私は学生だったころ，歩いて大学に通っていました. (ser, a pie, estudiante, ir a …)

4) 私はオフィスに向かっていたとき，事故にあった. (ir a ..., tener un accidente)

5) －君は何か言われたの？ (decirte algo)

 －いいや，私は何も言われなかったよ. (decirme nada)

[C] 以下の文をスペイン語で表現しなさい.

1) 私は5年間，ある旅行代理店 (agencia de viajes) で働きました.

2) 彼はスペインで暮らしたことがあると言った.

3) 昨日の夜，ある友人が私に会いに来ました.

4) 私が目覚めた時，まだ妻は家に帰っていなかった.

5) 私はまだ両親に本当のことを言っていません.

6) ホセはそのことを知らなかったと私は思います.

7) 私が家に戻ってきた時には，すでに皆は食事を済ませていた.

8) 天気予報 (pronóstico del tiempo) によると明日は雨が降るそうです.

9) 子供のころ，私たちはよくかくれんぼをして遊んだものです (jugar al escondite).

10) 彼は疲れているけど (aunque)，よく眠れないと言った.

Lectura 1   *Elena tenía muchas ganas de ver a su familia.*

Elena, segunda hija de la familia de don José, abogado muy competente, es una estudiante de posgrado en una universidad de Londres. La semana pasada volvió a su tierra natal, Salamanca, para pasar unos días con su familia.

Cuando Elena empezó a vivir sola en Londres, echaba de menos a su familia. Siempre tenía muchas ganas de verlos y comer los ricos platillos que prepara su madre. Todos en la familia disfrutan las delicias de doña María, que es muy buena cocinera y prepara exquisitas comidas regionales salmantinas.

Elena preguntó por sus hermanos, mientras charlaba con sus padres. Ellos le contaron que Carlos, su hermano menor, ya estaba hecho todo un hombre; por otra parte, a su hermano mayor, Antonio, le iban muy bien las cosas en Madrid, mientras que Carmen, su hermana mayor, estaba acostumbrándose a su nueva vida en Barcelona.

Además, Elena preguntó por Makoto para saber si había llamado por teléfono o había preguntado por ella. Sus padres le contestaron que Makoto había encontrado un trabajo muy bueno como profesor universitario. Y le dijeron que Makoto pensaba visitarla alguna vez en Londres, ya que viajaba frecuentemente a Europa para dar conferencias en distintas universidades.

La Plaza Mayor (Salamanca)

Cultura 1 — *La vida cotidiana.*

Hay algunas costumbres de la vida cotidiana de los españoles que pueden sorprender a los extranjeros. Por ejemplo, el horario de las comidas. Comemos tarde, entre las 2 y las 3, y cenamos a las 9.

En general, en España la gente se acuesta más tarde que en otros países, sobre todo los fines de semana. Mucha gente sale a divertirse en lugares que están abiertos hasta la madrugada: bares, restaurantes, discotecas, cines, teatros y otros espectáculos.

Las tiendas y establecimientos comerciales suelen cerrar más o menos de 1:30 a 4:30, pero los grandes almacenes e hipermercados tienen horario continuo de 10 a 8, o hasta más tarde en verano.

Normalmente en España se trabajan 35 horas a la semana, de lunes a viernes, 7 horas diarias. La mayoría de la gente vuelve a casa al mediodía, aunque en las grandes ciudades muchos trabajadores comen cerca de sus lugares de trabajo.

El horario más frecuente de colegios e institutos es de 9 a 1 y de 3 a 5 de la tarde. En la universidad los estudiantes pueden elegir su horario.

Los trabajadores tienen derecho a un mes de vacaciones. La mayoría descansa en julio o agosto. Además, hay otros días de vacaciones a lo largo del año: Navidad, Semana Santa, días festivos y puentes. Los estudiantes tienen vacaciones tres veces al año: en Navidad, Semana Santa y verano.

Una salida del Metro (Madrid)

Un bar

Lección 2 — Creía que podría terminar el trabajo en una semana.

(*El novio de Elena la llama por teléfono desde Londres.*)

Héctor : ¿Elena?

Elena : Sí, soy yo. ¡Ah! ¡Héctor! ¡Qué sorpresa! ¿Cómo estás?

Héctor : Bien, con bastante trabajo, pero contento.
Te llamé anoche, serían las nueve y media, pero no estabas.
Oye, cuéntame, ¿cómo está tu familia?
¿Cómo estás pasando estos días?

Elena : Aquí están todos bien. Yo todos los días voy a la universidad y luego, por la noche, salgo por ahí un rato con mis amigos.

Héctor : ¿Cuándo vuelves?

Elena : Héctor, **siento tener que decirte que voy a quedarme un poco más de lo que pensaba.**

Héctor : Pero **me prometiste que volverías en diez días...**

Elena : **Sí, eso pensaba yo, creía que podría terminar el trabajo en una semana,** pero **resulta que el profesor que me dijo que me ayudaría, está ahora fuera de Salamanca.**

Héctor : Bueno, **vuelve lo antes posible,** te espero.

Elena : **Por mí, volvería ahora mismo.** Te quiero. Hasta pronto.

Héctor : Yo también te quiero. Ya te llamaré otro día.

Puntos Claves 2

1) **Te llamé anoche, serían las nueve y media, pero no estabas.**
   （昨夜，君に電話したんだ，９時半ごろだったかな，でも君は留守だった）
   > llamé は点過去「私は電話をかけた」，serían は ser の過去未来３人称複数形で過去の出来事を推測して「〜だっただろう」の意味を表わす．estabas は線過去２人称単数形．

2) **Oye, cuéntame,** （ねえ，僕に話してくれ）
   > cuéntame は **cuenta**「語る（２人称単数に対する肯定命令）」+ **me**「私に（間接目的語）」から成る．tú に対する肯定命令（規則形）は直説法現在３人称単数形を用いる．

3) **¿Cómo estás pasando estos días?** （最近は何をして過ごしているの？）
   > pasando は pasar「過ごす」の現在分詞で，**estar** + 現在分詞で「〜しているところである」を表わす．estos días は「最近，近頃」の意味．

4) **siento tener que decirte que voy a quedarme un poco más de lo que pensaba.**
   （申し訳ないけどあなたに言わなければならないことがあるの，実は予定していたより滞在が長引きそうなの）
   > **sentir** + 不定詞は「〜であることを残念に思う，申し訳なく思う」，tener que decirte は「君に言わなければならない」，voy a quedarme (ir a + 不定詞「〜するつもりである」) の再帰動詞 quedarme は「私は留まる，逗留する」の意味で，más de lo que pensaba は「考えていた以上に」を表わす．

5) **me prometiste que volverías en diez días...**
   （１０日ぐらいで帰ってくるだろうって約束したのに…）
   > 主節が点過去 (prometiste) なので従属節の動詞は時制の一致によって過去未来 (volverías) の時制で表現されている．

6) **Sí, eso pensaba yo, creía que podría terminar el trabajo en una semana,**
   （ええ，私もそう思っていたの，一週間くらいで仕事は終わるだろうと思っていたの）
   > 主節が線過去 (creía) であるから従属節が主節より後の事実を表す場合は過去未来 (podría) で表現される．

7) **resulta que el profesor que me dijo que me ayudaría, está ahora fuera de Salamanca.** （手伝ってくださるとおっしゃった先生は今，サラマンカにいらっしゃらないのよ）
   > resultar「〜の結果になる」の３人称単数形 **resulta que...** は「（意外にも）〜ということになる．実は〜である」の意味を表わす．me dijo que me ayudaría の dijo は点過去で，従属節の動詞は時制の一致によって過去未来 (ayudaría) の時制で表現されている．

8) **vuelve lo antes posible,** （できるだけ早く帰ってきてよ）
   > **vuelve** は volver「帰る，戻る」の３人称単数形で，ここでは **tú** に対する**肯定命令**
   > lo antes posible (= lo más pronto posible, cuanto antes) は「できるだけ早く」の意味．

9) **Por mí, volvería ahora mismo.** （私だって，〔できるものなら〕今すぐにでも帰りたいわ）
   > **volvería** は volver の**過去未来で婉曲表現**（できるものなら〜したいものだ）の意味を表わす．

Guía Práctica Gramatical 2

1. 直説法未来

A) 活用

1. 規則活用は不定詞に -é,-ás,-á,-emos,-éis,-án をつける．

   hablar : hablaré, hablarás, hablará, hablaremos, hablaréis, hablarán

2. 不定詞の語尾 -er の母音 -e- が脱落したものに -é,-ás,-á,-emos,-éis,-án をつける．

poder	:	podré, podrás, podrá, podremos, podréis, podrán
querer	:	querré, querrás, querrá, querremos, querréis, querrán
saber	:	sabré, sabrás, sabrá, sabremos, sabréis, sabrán
haber	:	habré, habrás, habrá, habremos, habréis, habrán

3. 不定詞の語尾 -er, -ir の母音 -e-,-i- を -d- に変えて -é,-ás,-á,-emos,-éis,-án をつける．

tener	:	tendré, tendrás, tendrá, tendremos, tendréis, tendrán
poner	:	pondré, pondrás, pondrá, pondremos, pondréis, pondrán
salir	:	saldré, saldrás, saldrá, saldremos, saldréis, saldrán
venir	:	vendré, vendrás, vendrá, vendremos, vendréis, vendrán

4. 特殊な活用の動詞

   | decir | : | diré, dirás, dirá, diremos, diréis, dirán |
   | hacer | : | haré, harás, hará, haremos, haréis, harán |

B) 用法

1. 未来の行為や状態を表わす．

   Mañana lloverá todo el día.
   　　(= Mañana va a llover todo el día.　→ ir a + 不定詞で代用することができる)
   Yo procuraré no llegar tarde a la cita.

2. 現在の事柄を推測して表わす．

   Aquel señor tendrá unos 50 años, pero parece más joven.
   Don José estará en su despacho a esta hora.

2. 直説法過去未来

A) 活用

1. 規則活用は不定詞に -ía,-ías,-ía,-íamos,-íais,-ían をつける．

   hablar : hablaría, hablarías, hablaría, hablaríamos, hablaríais, hablarían

[2] 不規則活用動詞の語根は直説法未来と同じ．

tener	:	tendría, tendrías, tendría, tendríamos, tendríais, tendrían
poner	:	pondría, pondrías, pondría, pondríamos, pondríais, pondrían
hacer	:	haría, harías, haría, haríamos, haríais, harían
decir	:	diría, dirías, diría, diríamos, diríais, dirían
haber	:	habría, habrías, habría, habríamos, habríais, habrían

B) 用法

[1] 過去から見た未来の行為や状態を表わす．

Me dijeron que tendrían una fiesta en su casa.

[2] 過去の行為や状態の推測を表わす．

Serían las nueve de la noche cuando llegué a casa.

¿Cuántos años tendría Rosa cuando se casó?

[3] 婉曲表現

Me gustaría ir a México a conocer las ruinas de la civilización antigua.

Perdone, ¿podría indicarme el camino para la Plaza Mayor?

3. 直説法未来完了

> 助動詞 haber の直説法未来 ＋ 過去分詞（無変化）
> (habré, habrás, habrá, habremos, habréis, habrán)

用法

[1] 現在からみた未来における行為の完了を表わす．

Habré terminado este trabajo para fin de mes.

[2] すでに完了した行為の推量を表わす．

Ya son las ocho de la mañana. Probablemente los niños se habrán levantado.

Don José y doña María ya habrán llegado a Barcelona.

4. 直説法過去未来完了

> 助動詞 haber の直説法過去未来 ＋ 過去分詞（無変化）
> (habría, habrías, habría, habríamos, habríais, habrían)

用法

[1] 過去からみた未来における行為の完了を表わす．

Dijo que habría terminado su trabajo para las cinco de la tarde.

(← Dice que habrá terminado su trabajo para las cinco de la tarde.)

[2] ある過去の以前に完了した行為の推量を表わす．

Suponía que se habrían acostado todos.

(← Supongo que se habrán acostado todos.)

Cuando llegaron al aeropuerto, el avión ya habría salido.

Ejercicios 2

[A] (　　) 内の不定詞を直説法未来，過去未来，未来完了または過去未来完了に活用させ文を完成させなさい．

1) ¡Cómo llueve! ¿(Haber-　　　　　) partido de béisbol mañana?
2) Yo te (llamar-　　　　　) al llegar a la estación de autobuses.
3) ¿Qué vas a hacer esta tarde?
   — (Ir-　　　　　) al aeropuerto a recoger a mi padre.
4) El hombre del tiempo dice que (estar-　　　　　) nublado por la mañana y (llover-　　　　　) por la tarde.
5) Parece muy caro ese collar de perlas. ¿Cuánto (valer-　　　　　)?
6) Oiga, ¿(poder-　　　　　) probarme este traje?
7) Me dijeron que (volver-　　　　　) al día siguiente.
8) De ser así, mis padres (estar-　　　　　) muy contentos.
9) Ella (tener-　　　　　) unos treinta años cuando dio a luz su primer hijo.
10) Les prometí que (hacer-　　　　　) todo lo posible por ayudarles.
11) Se decía que no (haber-　　　　　) peligro de contagio de la gripe.
12) En ese caso, me (ser-　　　　　) imposible colaborar con vosotros.
13) De ser verdad, yo (enfadarse-　　　　　) en serio.
14) La delegación japonesa ya (llegar-　　　　　) a la sede de la ONU (Organización de las Naciones Unidas), porque salió ayer por la mañana.
15) Acaban de dar las once de la noche. Ya (acostarse-　　　　　) todos.

[B-1] 次の直接話法を例にならって間接話法にしなさい．

> **Ejemplo**　　*Nuria* : Te llamaré a las 8.
> ¿Qué te *dijo* Nuria? — Nuria me dijo que me *llamaría* a las 8.

1) Iré a Japón en primavera.
2) La próxima semana saldremos de viaje.
3) Mi hermano hará un Máster en Londres.
4) No podremos ir a veros mañana.
5) No sé si tendré tiempo.

[B-2] 適切な時制を使って文を完成させなさい．

1) 玄関のベルが鳴っている．こんな時間に誰だろう？
 (a la puerta, ser, a esta hora, ¿quién?, llamar)

2) 私の記憶違いでなければ，地震が起こったのは朝の5時ごろだっただろう．
 (haber, ser, cuando, de la mañana, si no equivocarse, un terremoto)

3) 最新のニュースによると，明日の午後は土砂降りの雨が降るかもしれないそうです．
 (según, por la tarde, llover a cántaros, mañana, últimas noticias)

4) お祖父さんはまだ戻っていません．どこまで散歩に行ったのだろう．
 (volver a casa, paseo, abuelo, dónde, irse de…, aún, hasta)

5) ものすごい交通量だったので，彼らが向こうに着いたとき，コンサートはすでに始まっていただろう． (llegar allí, tráfico, empezar, cuando, haber, concierto)

[C] 以下の文をスペイン語で表現しなさい．

1) まだ早いので子供たちは寝ているだろう．

2) いつ私たちを動物園に連れて行ってくれるつもりなの？

3) すみませんが，コショウをとっていただけますでしょうか (pasar la pimienta)？

4) 僕は君と個人的に (personalmente) 話をしたいんだけれど…

5) 彼は夏休みの間にセルバンテス全集 (obras completas de Cervantes) を読み終えてしまうだろう．

6) 多分 (a lo mejor)，彼らはマチュピチュの遺跡 (ruinas de Machu Picchu) をもう見学しただろう．

7) 彼女が結婚したのは20歳ぐらいのときだったでしょう．

8) ロサは，お母さんが病気なので来れないかもしれないと私に言いました．

9) ロペスさんご夫妻 (los señores López) は海外旅行からもう帰ってきているでしょう．

10) 私はホール (auditorio) に着くのが遅かったので，コンサートはとっくに始まっていたと思いました．

Lectura 2: *Elena le dijo a su novio que iba a quedarse un poco más.*

El novio de Elena se llama Héctor y es argentino. Es guapo y simpático. Además, le encanta el deporte y practica polo y rugby. Estos deportes son populares en Argentina, igual que el fútbol, porque se difundieron en la época de relaciones amistosas con Inglaterra.

Héctor trabaja en una compañía aérea en Londres. Elena lo conoció hace unos meses cuando fue a ver un partido de rugby. Una amiga inglesa se lo presentó.

Héctor la llamó hace unos días desde Londres para preguntarle cómo estaba pasando los días en Salamanca, y cómo estaba su familia. Elena le contó que todos estaban muy bien, y que ella iba a la universidad diariamente y por la noche salía un rato con sus amigos.

Su novio también quería saber cuándo volvería a Londres. Entonces Elena tuvo que explicarle que iba a quedarse un poco más de lo que había pensado, aunque le había prometido a su novio que volvería en diez días. Ella creía que podría terminar su trabajo en una semana, pero cambió la situación. Le explicó que el profesor que le ayudaría estaba fuera de Salamanca por razones personales. Así que Elena no tuvo más remedio que permanecer unas semanas más en Salamanca para terminar su trabajo.

Héctor y Elena se quieren mucho. Por eso, Elena desea volver al lado de su novio lo antes posible.

Polo

Rugby

Cultura 2 — *El medio geográfico y la sociedad.*

La Península Ibérica, formada por España y Portugal, está situada en el suroeste de Europa. España es uno de los países más grandes del continente europeo. Su frontera al norte son los Pirineos, que llegan hasta Francia; y al sur, el Estrecho de Gibraltar, que separa a Europa de África.

España está rodeada de mares: al norte el Mar Cantábrico, al oeste el Océano Atlántico, y al este el Mar Mediterráneo, donde se sitúa el archipiélago de las Baleares. Sus ríos más importantes son el Tajo, el Ebro y el Guadalquivir.

Después de Suiza, España es el país más montañoso de Europa. Sus picos más altos son el Teide, en la isla canaria de Tenerife, y el Mulhacén, en Granada.

España tiene unos 47 millones de habitantes. En los últimos años, la sociedad española está viviendo grandes cambios. Uno de ellos es el aumento de la inmigración.

Tras la muerte de Francisco Franco en 1975, España se convirtió en una monarquía parlamentaria. Dicho en otras palabras, pasó de ser una dictadura a un país democrático.

Según la Constitución de 1978, España está formada por 17 comunidades autónomas, que tienen su propio gobierno y parlamento: Andalucía, Aragón, Asturias, Baleares, Canarias, Cantabria, Castilla y León, Castilla-La Mancha, Cataluña, Extremadura, Galicia, La Rioja, Madrid, Murcia, Navarra, País Vasco y Valencia.

El Teide de Tenerife

La playa de Mallorca

Lección 3 Me contó que se había caído por la escalera.

(Carlos le está enseñando a un amigo las fotos del verano pasado en Guatemala.)

Carlos : Mira, **esta es la familia con la que viví una semana.**
Este es el padre, se llama Fidel. **Trabaja en un taller que hay cerca de su casa** y también cultiva algunas tierras.

Daniel : **¿La que está de pie a su lado es la hija? Se parece mucho a él.**

Carlos : Sí, es la hija mayor. Es guapa, ¿verdad?
Ella se pintó y se arregló para la foto más que los demás.

Daniel : Oye, **quien tiene el brazo escayolado es la madre, ¿no?** ¿Qué le pasó?

Carlos : **Me contó que se había caído por la escalera y se había roto un hueso.**

Daniel : ¿Y estos dos niños que están sentados en el suelo?

Carlos : Son los nietos de don Fidel y doña Leonor. Son gemelos.
Sus padres no salen en la foto porque no estaban allí aquel día.

Daniel : ¿Viven siempre con los abuelos?

Carlos : No, **el lugar donde viven normalmente está a unos 50 kilómetros,** pero, en cuanto empiezan las vacaciones del colegio, se van al pueblo con los abuelos.

Daniel : ¿Tanto les gusta?

Carlos : Claro, allí se lo pasan fenomenal; entran y salen de casa a la hora que quieren, **hacen lo que les apetece...**
Sus abuelos casi nunca se enfadan con ellos ni les riñen.

Daniel : ¡Qué inteligentes son los niños de todo el mundo!

Puntos Claves 3

Lección 3

1) **esta es la familia con la que viví una semana.**
   （これが僕が一週間，一緒に暮らした〔お世話になった〕家族なんだ）
   - **que** は関係代名詞，viví con la familia「私はその家族と一緒に暮らした」の前置詞 con と先行詞 la (familia) が関係代名詞 que の前に置かれる．

2) **Trabaja en un taller que hay cerca de su casa** （彼は家の近くにある工場で働いているんだ）
   - **que** は関係代名詞で先行詞は人間でも物でもよく，関係代名詞の中では一番よく使われる．

3) **¿La que está de pie a su lado es la hija?** （彼の隣に立っている女性は娘なの？）
   - la que está de pie の先行詞は la で「〜立っているところの女性」の意味になる．

4) **Se parece mucho a él.** （彼女〔娘〕は彼〔父親〕にそっくりだ）
   - 再帰動詞 **parecerse a**... は「〜に似ている」を意味する．

5) **Ella se pintó y se arregló para la foto más que los demás.**
   （彼女は写真を撮るために他の誰よりもお化粧して，おしゃれをしたんだ）
   - se pintó は再帰動詞 **pintarse**「化粧する」，se arregló は再帰動詞 **arreglarse**「身なりを整える，おしゃれする」の点過去形．

6) **quien tiene el brazo escayolado es la madre, ¿no?**
   （腕にギブスをはめている人が母親なんだろう？）
   - **quien** は先行詞「人」が含まれた関係代名詞（〜であるところの人）で，escayolado は escayolar「ギブスをはめる」の過去分詞．**tener + 過去分詞の形容詞形**（名詞の性と数に一致）は「〜してある（いる）」という行為の結果や状態を表わす．

7) **Me contó que se había caído por la escalera y se había roto un hueso.**
   （彼女は階段から転げ落ちて骨折したと僕に話してくれた）
   - se había caído は再帰動詞 **caerse**「転ぶ，転倒する」，se había roto は再帰動詞 **romperse**「自分の〜を壊す（折る）」の直説法過去完了．主節の Me contó「私に語った」よりも以前の出来事を表わすために過去完了で表現されている．

8) **el lugar donde viven normalmente está a unos 50 kilómetros,**
   （普段彼らが暮らしているところは50キロぐらい離れたところにあるんだ…）
   - **donde** は先行詞が場所の場合にのみ用いられる関係副詞．

9) **hacen lo que les apetece...** （子供たちはやりたいことがやれるんだ…）
   - **lo que** は「〜であること」，les apetece の **apetecer** は「食欲をそそる；気をそそる」の意味で gustar 動詞と同じように用いられる．les は apetecer の間接目的語で「子供たちにとって」を表わす．
   Me apetece una caña. （私は生ビールが飲みたい）

Guía Práctica Gramatical 3

1. 再帰動詞

ある行為が自分自身に跳ね返ってくる，つまり「自分自身を～する」あるいは「自分自身に～する」という場合の「自分自身を」「自分自身に」にあたるものを再帰代名詞という．動詞＋再帰代名詞 (me, te, se, nos, os, se) の形を再帰動詞（または代名動詞）という．

1) **基本的な用法**：levantarse の場合，他動詞 levantar「起こす」に直接目的語としての se 「自分自身を」の再帰代名詞をつけて，「自分自身を起こす」つまり「起きる」という具合に自動詞に変えることである**（他動詞の自動詞化）**．

> llamar（名付ける）＋ se（自分自身を）→ **llamarse**（～という名前である）
> casar（結婚させる）＋ se（自分自身を）→ **casarse**（結婚する）

注 **levantarse**（起きる）の一人称単数の活用（直説法現在・点過去・線過去・未来・過去未来・現在完了・過去完了）
**me levanto, me levanté, me levantaba, me levantaré, me levantaría,
me he levantado, me había levantado**

2) **主語の行為が自分の体の一部に及ぶ用法**：「自分自身のために～する」という意味を表わし，この場合の再帰代名詞は間接目的語の役割をはたす．

> lavar（洗う）＋ se（自分自身のために）→ **lavarse**（自分の体を洗う）

Ella se pintó y se arregló para la foto.

3) **相互再帰用法**：派生用法として，parecerse a...「～に似ている」の他に parecerse「互いに似ている」という意味を表わす．

Vosotras dos os parecéis mucho.

4) **転意用法**：動詞本来の意味が強調されて「～してしまう」という意味を強調して表わす．

En cuanto cmpiezan las vacaciones del colegio, los niños se van al pueblo.
Estoy a dieta, pero ayer me comí tres pasteles.
Fui al cine, pero me dormí viendo la película.

2. 関係代名詞

1) **que:** 性・数無変化．限定的用法にも説明的用法にも用いられる．

1 限定用法：形容詞節によって先行詞を限定する用法．原則として２つの文に分けることができる．

★**I 前置詞を伴わない場合**：先行詞は人でも物でもよい．

Tomamos el tren **que** sale a las doce en punto.
→ Tomamos el tren. El tren sale a las doce en punto.

¿Has leído ya la novela **que** te presté el otro día?
→ ¿Has leído ya la novela? Te presté la novela el otro día.

> ★ **II 前置詞を伴う場合**：先行詞は物に限られる．前置詞は **a, de, en, con** など単音節のものに限定される．関係詞の前に定冠詞をつけるのが一般的である．

Esta es la conclusión **a la que** hemos llegado después de discutir muchas horas.
Este es el libro **del que** nos hablaba el profesor.

2 説明用法：先行詞の状態を補足的に説明する用法．口語体ではあまり用いられず，2つの文に分けるか，別の構文にするのが一般的である．

Rigoberta Menchú, **que** fue galardonada con el Premio Nobel de la Paz en 1992, ha hecho unas declaraciones a la prensa.

2) **el que:** 性・数変化する．先行詞は人・物いずれでもよい．先行詞が明示されない場合は「〜な者, 〜な人」となる．

Acabo de recibir una carta de mi tío, **el que** se marchó a Brasil hace unos meses.
Voy a comprar aquella casa, **la que** está en la cumbre de esa colina.

3) **quien:** 先行詞は人に限られるが，数のみ変化する．

Ayer entrevisté al ministro de Hacienda, **quien** me dijo que estaba preocupado por la recesión económica actual.

4) **el cual:** 性・数変化する．先行詞は人・物いずれでもよい．

Acaba de publicarse un informe oficial sobre la juventud del país, **el cual** analiza en detalle los problemas psicológicos que tiene la gente joven.

5) **lo que, lo cual:** 無変化．前の文全体を受けて，「そのこと」「このこと」を意味する．口語体ではあまり用いられない．

Nuestra hija acaba de casarse, de **lo que** nos alegramos muchísimo.
Se quedó dormido, por **lo cual** llegó tarde a clase.

6) **cuyo:** 後に続く名詞の性・数に応じて語尾変化する．所有を表わす．

Mi padre me decía cosas muy complicadas, **cuyo** sentido yo no llegaba a comprender por completo.

7) **el que, quien, lo que:** すでに先行詞が含まれている関係代名詞．

El que más tiene, más desea.
Quien (**El que**) sabe mucho, habla poco.
A **quien** madruga, Dios le ayuda.
No entiendo **lo que** dice el profesor.
Los que estaban de acuerdo, levantaron la mano.

Ejercicios 3

[A] （　　）内の不定詞（再帰動詞）を適切な形に活用させなさい．

1) Algunas chicas (mirarse-　　　) en el espejo y (maquillarse-　　　) en el tren.
2) Yo (arrepentirse-　　　) de haber bebido demasiado en la fiesta.
3) Tú (tener que lavarse-　　　) las manos antes de comer.
4) Voy a (casarse-　　　) con Ana dentro de medio año.
5) ¿Ya (irse-　　　)(tú)?
   — Sí, ya es tarde. Ya (irse-　　　).
6) (Morirse-　　　) de hambre y también tengo mucha sed.
7) Todos dicen que (parecerse-　　　)(yo) a mi abuela.
8) Esta mañana (levantarse-　　　) tarde y he perdido el tren.
9) ¿Por qué no (ponerse-　　　) (tú) el abrigo esta mañana?
10) Esta mañana Carla y Lucía han discutido y (enfadarse-　　　).
11) ¿A qué hora (acostarse-　　　) tú anoche?
12) No sé por qué ella (enfadarse-　　　) conmigo ayer.
13) (Nosotros) (enamorarse-　　　) cuando éramos muy jóvenes.
14) Anteayer los niños (reírse-　　　) mucho viendo esta animación.
15) Aquel hombre (hacerse　　　) millonario en un año.

[B-1] 次の文を関係代名詞を使ってひとつの文にしなさい．

1) Mi primo se casó con una chica. / La chica nació en Cuba.
   La chica _____.
2) Vivimos en una casa. / Es una casa de alquiler.
   La casa _____.
3) Tú me prestaste un libro. / Ese libro me está gustando mucho.
   El libro _____.
4) Tú me hablaste de una película. / Ya he visto esa película.
   Ya he visto _____.
5) El camarero nos sirvió la comida. / El camarero era antipático.
   El camarero _____.

[B-2] 適切な時制と関係代名詞を用いて文を完成させなさい．

1) 私は大変喉が渇いていて，お腹がすいて死にそうです．
   (sed, tener, morirse de…, hambre)

2) 今朝，私は寝坊して，いつもの電車に乗り遅れてしまった．
   (tarde, perder, esta mañana, de siempre, levantarse)

3) 一昨日，彼女は僕に何も言わずに行ってしまった．
   (sin, nada, anteayer, decirme, irse)

4) これが先日，君が私に薦めてくれた本だよね．
   (recomendar, el otro día, el libro, me, ¿verdad?, ser, este)

5) 君たちがそんなに褒めるその女の子って誰なの？
   (la chica, ser, hablar de…, ¿quién?, tan bien)

[C] 以下の文をスペイン語で表現しなさい．

1) －君は私のことを覚えているかい？　－勿論さ，君のことはよく覚えているよ．

2) －どこに座りましょうか？　－テラス (terraza) のベンチに座りましょう．

3) 君は彼が嘘をついた (decir mentiras) ことに気づいた (darse cuenta de que…)？

4) 遊園地で幼稚園児たち (niños del jardín de infancia) が迷子になった (perderse) そうです．

5) 彼らは新しい環境 (nuevo ambiente) に少しずつ慣れてきています (acostumbrarse)．

6) 今朝，私はカミソリ (navaja) で指を切ってしまった．

7) 我が家で一番早く起きるのは父です．

8) あの人が私の妻が腹を立てている (enfadarse con…) 男だ．

9) 私たちが達した結論 (llegar a la conclusión) は間違っていた (no ser correcto)．

10) 彼が真実を知った (enterarse de …) とき，だまりこんでしまった (quedarese callado)．

Lectura 3   *Carlos se dedicó a la actividad voluntaria en Guatemala.*

Carlos, el hijo menor de la familia de don José, es estudiante de bachillerato en Salamanca. Carlos tuvo una muy buena experiencia el verano pasado porque realizó algunas actividades como voluntario en Guatemala. El país centroamericano es famoso porque ahí floreció la civilización maya antes de la conquista española, y aún quedan ruinas como Tikal. También son conocidas sus tradiciones de "Semana Santa", la artesanía indígena, el café y otros productos.

Carlos mostró a su amigo Daniel algunas fotos en Guatemala. Se hospedó una semana con una familia guatemalteca: don Fidel y doña Leonor. Ellos viven del cultivo de maíz, cacao, café, aguacate y banana o plátano. También producen gran cantidad de chicle. Todos en la familia son muy trabajadores, amables y simpáticos.

En las fotos de Carlos aparecen varios miembros de la familia. Ahí se puede ver la hija mayor de don Fidel, bien pintada y arreglada. También aparece doña Leonor, con el brazo escayolado, porque se había caído por la escalera y se había fracturado el brazo derecho. Y al frente en las fotos están los nietos de don Fidel y doña Leonor, unos gemelos que siempre pasan las vacaciones con sus abuelos. Cuando salen del colegio se van a la casa de ellos y ahí se lo pasan fenomenal, pueden hacer lo que les apetece, además sus abuelos casi nunca se enfadan con ellos ni les riñen.

Tikal

Cultura 3 — *Las fiestas.*

Entre las fiestas tradicionales de España, quizá las más conocidas son tres: **Los Sanfermines** de Pamplona, **la Feria de Abril** de Sevilla y **las Fallas** de Valencia.

Los Sanfermines se celebran del 7 al 14 de julio. Todos los días hay un encierro: los mozos y algunos atrevidos visitantes corren delante de los toros por las estrechas calles del casco antiguo de la ciudad. El famoso escritor norteamericano Ernest Hemingway era un enamorado de los Sanfermines y los inmortalizó en su novela *The Sun Also Rises* (titulada *Fiesta* en español).

La Feria de Abril empieza después de la Semana Santa. Se celebra durante seis días, de martes a domingo. Los sevillanos se ponen sus trajes tradicionales y pasean por el recinto de la Feria. Mucha gente va por la tarde a los toros a la famosa plaza de la Maestranza y, por la noche, beben, cantan y bailan en las casetas, adornadas con flores y luces de colores.

Las Fallas se celebran en Valencia del 12 al 19 de marzo, festividad de San José. En diversos lugares de la ciudad se ven enormes figuras hechas de madera y cartón llamadas *ninots* o fallas. Muchas de ellas representan, casi siempre de una manera satírica, a personajes y temas conocidos. La fiesta se termina con la *Nit del foc* o noche del fuego, cuando se queman las fallas. Es un acto de purificación para dar paso a cosas nuevas.

Los Sanfermines

La Feria de Abril

Lección 4 ¿Sabes si se come bien allí en Mallorca?

(*Don José y doña María van a viajar a la isla de Mallorca.*)

Doña María : José, **se me olvidaba decirte que ayer pasé por la agencia y ya pagué y recogí los billetes.**

Don José : Pues **ya solo nos falta esperar ese día.**
Creo que va a ser un viaje perfecto: a la ida podremos visitar a Carmen en Barcelona, luego pasaremos dos semanas en Mallorca y, a la vuelta, veremos a Antonio en Madrid.

Doña María : Oye, José, ¿tú crees que podremos bañarnos en la playa?

Don José : ¡María, que estamos en marzo!

Doña María : Ya, **pero como siempre se ven imágenes de las playas con gente bañándose incluso en invierno...**

Don José : Bueno, se bañan sobre todo los turistas de países donde normalmente hace mucho frío.

Doña María : Yo, **por si acaso, me voy a llevar el traje de baño.**
Por lo menos podré tomar el sol algún día, creo yo.

Don José : A mí me interesa más la comida. **¿Sabes si se come bien allí?**

Doña María : **Se comerá bien, ¡cómo no!**

Don José : También querrás ir de compras algún día, ¿no?

Doña María : ¡Claro! **He oído que allí se vende ropa muy bonita.**
¡Y las famosas perlas!

Don José : ¡Qué peligro! **Se me están quitando las ganas de ir.**

Puntos Claves 4

1) **se me olvidaba decirte que ayer pasé por la agencia y ya pagué y recogí los billetes.** （昨日，旅行代理店に寄って支払いをすませて，チケットを取ってきたのをうっかりしてあなたに言うのを忘れていたわ）

   🗝 se me olvidaba は **olvidársele a (+ uno)**「うっかりして忘れる」を表わす再帰動詞の直説法線過去で**無意思表現**．pasé は **pasar por...**「〜に立ち寄る」，pagué は pagar「支払う」，recogí は recoger「引き取る」の直説法点過去．

2) **ya solo nos falta esperar ese día.** （じゃあ，あとはその日〔出発の日〕を待つだけだ）

   🗝 faltar は「足りない；必要である；残っている」の意味で，nos「私たちにとって」（間接目的格人称代名詞）の文法上の主語は esperar となる．
   Me falta tiempo para hacerlo. （私はそれをするには時間が足りない）

3) **pero como siempre se ven imágenes de las playas con gente bañándose incluso en invierno...** （でも冬だって海水浴をする人たちがいるビーチの映像がいつも見られるけど…）

   🗝 se ven imágenes... は **imágenes が主語の再帰受身 (se ven)** で，bañándose は再帰動詞 bañarse「水浴びする」の現在分詞．incluso は「〜でさえも」を意味する副詞．

4) **por si acaso, me voy a llevar el traje de baño.** （念のため，私は水着を持っていくわ）

   🗝 por si acaso は「ひょっとして」を表わし，**ir a + 不定詞**は「〜するつもり（予定）である」という未来の意志を表わす．再帰動詞 llevarse は「持ってゆく，携行する」の意味．

5) **¿Sabes si se come bien allí? — Se comerá bien, ¡cómo no!**
   （向こう〔マジョルカ島〕の料理は美味しいのかね，どうなんだい？ －もちろん！食事は美味しいはずよ）

   🗝 se come, se comerá は **comer** の**無人称表現**で，具体的な主語が明記されていない文をいう．「一般に誰でもおいしく食べられる」つまり「マジョルカ島の料理はおいしい」という意味を表わす．

6) **He oído que allí se vende ropa muy bonita.**
   （向こうでは素敵な服も売っているって聞いたことがあるわ）

   🗝 **He oído** は**直説法現在完了**で現在までの経験を表わし，**se vende** は**再帰受身**で「売られている」の意味を表わす．

7) **Se me están quitando las ganas de ir.** （わたしは行く気がなくなってしまうよ）

   🗝 **quitar las ganas de + 不定詞**は「〜する気をなくさせる，意欲をそぐ」という意味の熟語．ここは現在進行形で表現されており，se を用いた無人称表現になっている．me は間接目的格人称代名詞で「私から」の意味で，「行きたいという願望が私からなくなっている」つまり「なんとなく行く気がなくなってきた」の意味になる．

Guía Práctica Gramatical 4

1. 再帰受身（**se** + 他動詞の3人称単数形・複数形）

スペイン語では「ser + 過去分詞」の受身形はあまり用いられず，「～される」という場合には **se** を使った受身形つまり再帰受身で表わされる場合が多い．主語は事物に限られ，一般に動詞の後に置かれる．3人称単数のときは無人称表現と解釈されることもある．

En aquella tienda se venden coches de segunda mano, pero de buena calidad.
Se han publicado dos diccionarios de lengua española.
Se ha descubierto un delito.
En esta planta se fabrican coches en serie y se exportan a todo el mundo.
Desde lejos se ve la torre de la iglesia.
Aquí se alquilan bicicletas.
En Barcelona se habla catalán.

> **注** 3人称複数形の動詞を用いた受身表現（→無人称表現）
>
> A veces me toman por mi hermano.（時々，私は弟に間違えられる）
> En Barcelona hablan catalán.（バルセロナではカタルーニャ語が話される）
> Esta noche ponen en la televisión una película española.
> 　（今晩，テレビでスペインの映画が放映されます）
> Dicen que mataron a más de un millón de personas en la guerra civil.
> 　（内戦では100万人以上の人が殺されたそうです）
> Le han quitado el carné de conducir.（彼は運転免許証を没収された）

2. 無人称表現（**se** を使った無人称文）

se は「人は」を意味し，「誰々が」という行為者つまり主語を特定せずに「（人は）～する」を表わす．再帰受身と解釈されることもある．無人称表現は2つの方法で表わすことができる．

1） se + 動詞の3人称単数形

　Se come muy bien en este restaurante.
　　（このレストランは美味しい）
　¿Cuánto se tarda de aquí al aeropuerto en taxi?
　　（ここから空港までタクシーでどのくらい時間がかかりますか？）
　Se dice que aquí se vive muy bien. (= Dicen que aquí se vive muy bien.)
　　（ここはとても暮らしやすいそうです）
　¿Por aquí se sube a la azotea?
　　（ここから屋上に登れますか？）

2) 動詞の3人称複数形

他動詞が使われている時は，「～される」というように「受身」のように訳すことが多い．多くの場合，**無人称の se** で言い換えられる．

Dicen que subirá el precio de la gasolina.

    (= Se dice que subirá el precio de la gasolina.)

En todos los kioscos venden periódicos.

    (= En todos los kioscos se venden periódicos.)

En Brasil hablan portugués.

    (= En Brasil se habla portugués.)

Te llaman por teléfono.（君に電話がかかっているよ）

Llaman a la puerta. ¿Quién será?（玄関のベルがなっている．誰だろう？）

    (→Se llama a la puerta. とは言わない)

> **注　主語が人間の場合**：人間を3人称複数動詞の目的語にして，無人称文を用いて受動態に似た感じを表現する．**En el tren me robaron la cartera.**「彼らは電車のなかで私から財布を盗んだ」と表現して「私は電車のなかで財布をすられた」というふうに受身の感じを表わす．
>
> Me pusieron una multa por aparcar en una zona prohibida.
>
>   （皆は私に罰金を課した → 私は駐車違反で罰金を課せられた）
>
> ¿Te dijeron algo?（君は何か言われたの？）
>
>   — No, no me dijeron nada.（いや，何も言われなかったよ）

3. 無意思表現（**se** + 間接目的格人称代名詞 + 動詞の3人称 + 名詞）

CD ①-25

無意思表現とは動詞によって表わされる動作に対して，自分の意思（意図）が関与していないことを表わすもので，場合によっては責任を回避するようなニュアンスを帯びる．例えば，**Se me cayó un plato.** は，皿を主語にして無意思の **se** を用い，「皿が私の意思に関係なく勝手に落ちた」，つまり「手がすべって皿が落ちた」あるいは「ついうっかりして皿を落としてしまった」を意味する．

Se me olvidó su dirección.（彼の住所をつい忘れてしまった）

¡Ah, se me ocurre una buena idea!（そうだ，私にいい考えがある！）

Oye, se te ha caído el pañuelo.（君，ハンカチが落ちたよ）

Últimamente se me cae mucho el pelo.（近頃，私はものすごく髪の毛が抜ける）

Se me fue la mano.（私は思わず手が出てしまった）

Se les escapó la risa.（彼らは思わず笑ってしまった）

Ejercicios 4

[A] (　　) 内に以下の適当な動詞の活用形を記して文を完成させなさい．

> decirse, irse, usarse, vivirse, tardarse, verse, poderse, tomar, llamar, empujar,
> olvidárseme, rompérsele, írsele, caérseme, ocurrírseme

1) ¿Por dónde (　　　　) a la estación de metro?
2) ¿Cuántos minutos (　　　　) de tu casa hasta la universidad?
3) En este país la vida es muy barata y (　　　　) con poco dinero.
4) Me parezco mucho a mi hermano. Muchas veces me (　　　　) por él.
5) Al bajar del metro, me (　　　　) y me caí.
6) Esta noche no (　　　　) las estrellas ni la luna.
7) En la actualidad el correo electrónico (　　　　) mucho.
8) Es muy inteligente, en su colegio le (　　　　) "Einstein".
9) ¿Cómo (　　　　) esta palabra en español?
10) ¿(　　　　) entrar? — ¡Adelante!
11) Cuando Rosa estaba fregando, (　　　　) dos vasos.
12) Cuando yo iba a decírselo, (　　　　) una buena idea.
13) Cuando te llamé anoche, (　　　　) decirte una cosa importante.
14) El tren estaba tan lleno que (　　　　) un pendiente pero no pude cogerlo.
15) (　　　　) el pie y se cayó por la escalera.

[B-1] (　　) 内に以下の中から適切な動詞の活用形と **se** を記して文を完成させなさい．

> cerrar, trabajar, comentar, decir, ganar, olvidar

1) (　　)(　　　　) por ahí que el Real Madrid quiere fichar a ese futbolista.
2) No es un trabajo ideal, porque (　　)(　　　　) mucho
   y (　　)(　　　　) poco.
3) Mi abuela se acuerda muy bien de las cosas de hace mucho tiempo, pero con frecuencia a
   ella (　　) le (　　　　) algunas cosas que acaban de ocurrir.
4) Cuando se casaron esos dos cantantes famosos, (　　)(　　　　) que
   su matrimonio duraría poco, pero ya llevan juntos más de diez años.
5) Voy a acostarme, (　　) me (　　　　) los ojos.

[B-2] 適切な時制で文を完成させなさい.

1) 先日, ボーイさんはうっかりして皿を落としてしまった.
   (caérsele, el otro día, los platos, al camarero)

2) 予約は一日前までならキャンセルできます.
   (cancelar, antes, la reserva, poderse, hasta, un día)

3) 私は床に座ったのでズボンが汚れてしまった.
   (en el suelo, mancharse, los pantalones, sentarse)

4) オリンピック競技大会は今までアフリカで開催されたことがありますか？
   (celebrarse, África, los Juegos Olímpicos, alguna vez)

5) 日本で一番売れている車の名前は何ですか？
   (la marca, ¿cuál?, en Japón, que, de coches, venderse más)

[C] 以下の文をスペイン語で表現しなさい.

1) あの老人 (anciano) は町内 (barrio) では生き字引 (enciclopedia viviente) と呼ばれています.

2) 彼女は電車から降りるとき (al bajar) に押されて (empujar) 転んだのと言った.

3) スーパーならどこでも日用品 (artículos de uso diario) を売っています.

4) 私は君からもらった (regalarme) 花瓶をうっかりして割ってしまった (romper).

5) 明日は午前中は雨ですが, 午後から晴れる (estar despejado) らしいです.

6) 最寄りの (más cercano) 郵便局まで歩いてどのくらいかかりますか？

7) 彼はメキシコでよく (muchas veces) 中国人と間違われました (tomar por…).

8) 私は旅先でパスポートをうっかりして紛失してしまった (perdérseme).

9) 私は手紙をポストに投函する (echar la carta al buzón) のをつい忘れてしまった.

10) 今夜は蒸し暑い (hacer un calor sofocante) ので眠れやしない.

Lectura 4   *Don José pregunta si se come bien en Mallorca.*

Don José cerró su despacho de abogado y está llevando ahora una vida tranquila, disfrutando de su retiro. Siempre soñaba con viajar en compañía de su esposa por toda España y por el mundo. Le atraen muchos lugares en el Sureste Asiático, y en Japón. Desde hace mucho tiempo él quería viajar, pero sus actividades no le permitían descansar.

Esta vez, don José y doña María han hecho un plan de viaje perfecto. Quieren ir a Barcelona para ver a Carmen, su hija mayor. Luego, van a estar dos semanas en la isla de Mallorca, famosa por sus playas, su comida, su clima, y porque ahí pasó un tiempo el gran músico polaco Frédéric Chopin. A la vuelta del viaje, ellos quieren ver a su hijo mayor, Antonio, en Madrid.

Naturalmente los dos están muy contentos porque pueden ver a sus hijos después de mucho tiempo. Además, don José tiene interés por la comida y podrá saborear platillos mallorquines, como el frito mallorquín y la sobrasada. Doña María tiene muchas ganas de tomar el sol y bañarse en las playas. Por eso ha comprado un traje de baño de última moda y piensa llevarlo. Aunque están en marzo y puede hacer frío, doña María cree que eso no será problema. Muchas veces se ven imágenes de las playas de la costa Mediterránea con gente bañándose, incluso en invierno. La verdad es que ella nunca se ha bañado en el mar Mediterráneo y ese es un gran sueño. Doña María también quiere ir de compras porque allí se venden famosos productos como las telas mallorquinas y las perlas negras.

Una playa (Palma de Mallorca)

Cultura 4 — *El Acueducto de Segovia (Monumentos I)*

España es un país de gran riqueza artística. Los diferentes pueblos que convivieron en la península dejaron su huella en numerosos monumentos. Por eso la arquitectura española es muy variada. Vamos a ver los más representativos.

El Acueducto de Segovia es uno de los monumentos más grandiosos que quedan de la época romana, una magnífica obra de ingeniería. Lo construyeron los romanos en el siglo II d.C. con grandes bloques de piedra superpuestos, sin ningún tipo de argamasa. Tiene más de 100 arcos y hasta 30 metros de altura en las partes que se ven en el centro de Segovia. En su origen sirvió para traer a la ciudad el agua de la montaña.

La Mezquita de Córdoba y **la Alhambra de Granada** son los máximos exponentes del arte musulmán en España. La primera Mezquita fue levantada en el siglo VIII sobre una basílica cristiana. En los siglos posteriores fue ampliada en varias ocasiones.

De los siglos XIII-XIV es la Alhambra de Granada. Es una fortaleza-palacio. Construida sobre una colina, en su interior destacan, entre otras muchas estancias, el Patio de los Leones (Palacio de los Leones) y el Patio de los Arrayanes (Palacio de Comares). Los jardines también son de extraordinaria belleza.

La Mezquita de Córdoba

El Acueducto de Segovia

Lección 5

Queremos que nos hables de tu vida en Madrid.

(Don José y doña María visitan a su hijo Antonio en su nueva casa en Madrid.)

Antonio : ¿Qué tal vuestro viaje?

Doña María : Muy bien. Lo hemos pasado estupendamente.
Pero **queremos que nos hables de tu vida en Madrid**. ¿Qué tal el trabajo?

Antonio : Pues estoy muy contento. El trabajo es muy interesante, mis clientes son muy importantes, pero **mi jefe me pide que me quede en la oficina hasta tarde**.

Don José : **Es normal que trabajes un poco más ahora que acabas de empezar.**

Doña María : **A mí me preocupa que no comas bien,** hijo. **No me gusta que cenes fuera** todas las noches. **No es bueno que tomes cualquier cosa,** tienes que cuidarte.

Antonio : Bueno, mamá, no te preocupes. Es que ahora el bufete tiene un proyecto importantísimo. Terminaremos este trabajo el próximo mes.

Doña María : ¿Te gusta la vida en Madrid, hijo?

Antonio : Sí, claro. **Me encanta que la gente te hable sin conocerte** y poder hacer amigos fácilmente. **No me importa que el bufete esté lejos de casa,** porque voy en moto. Pero **me molesta que mi jefe fume tanto**.

Don José : Pues **me extraña que le permitan fumar en la oficina,** porque últimamente **está prohibido que la gente fume en los lugares públicos**.

Antonio : Sí, papá, pero **es imposible que don Pablo deje de fumar**.
El jefe es el jefe.

Doña María : Antonio, **nos alegramos mucho de que estés tan bien** y tan contento.

Antonio : Gracias, mamá. **¿Os apetece que bajemos al bar de enfrente a tomar unas tapas y una cerveza?**

Don José : Sí, vamos.

Puntos Claves 5

1) **queremos que nos hables de tu vida en Madrid.**
   （マドリードでの生活について是非，私たちに話してほしいわ）
   que 以下の従属節の動詞を**接続法現在 (hables)** にして主節の強い願望を表わす．

2) **mi jefe me pide que me quede en la oficina hasta tarde.**
   （上司はオフィスに遅くまで残ってくれないかと僕に頼むんだ）
   従属節の動詞を**接続法現在 (me quede)** にして主節の要求や依頼を表わす．

3) **Es normal que trabajes un poco más ahora que acabas de empezar.**
   （仕事を始めたころより今の方がもう少しは働くというのは当たり前のことだ）
   Es normal que + 接続法現在 (trabajes) は「～であるのは当然である」の意味を表わす．

4) **A mí me preocupa que no comas bien,**
   （きちんと食事をしていないんじゃないかと心配でならないわ）
   No me gusta que cenes fuera （外で夕食を食べるのは〔お母さんは〕嫌だわ）
   No es bueno que tomes cualquier cosa, 〔考えないで〕なんでも食べるのはよくないわ）
   従属節の動詞を**接続法現在 (comas, cenes, tomes)** にして主節の危惧や否定の念を表わす．

5) **Me encanta que la gente te hable sin conocerte**
   （面識がなくても人々が話しかけてくれるのが大好きなんだ）
   No me importa que el bufete esté lejos de casa,
   （オフィスが家から遠くたって僕は構わない）
   me molesta que mi jefe fume tanto.
   （上司がものすごく煙草を吸うのでうんざりしているんだ）
   従属節の動詞を**接続法現在 (hable, esté, fume)** にして主節の嬉しいという感情，否定の念，迷惑している気持ちを表わす．

6) **me extraña que le permitan fumar en la oficina,**
   （オフィスで彼だけが喫煙を許されるというのはおかしいね）
   está prohibido que la gente fume en los lugares públicos.
   （公共の場では一般に人々は喫煙するのは禁じられている）
   従属節の動詞を**接続法現在 (permitan, fume)** にして主節の疑惑や禁止の概念を表わす．

7) **es imposible que don Pablo deje de fumar.** （パブロ氏が禁煙するなんて無理だよ）
   nos alegramos mucho de que estés tan bien （とっても元気にしているので私たちはとても嬉しいわ）
   従属節の動詞を**接続法現在 (deje, estés)** にして可能性や主節の嬉しいという感情を表わす．

8) **¿Os apetece que bajemos al bar de enfrente a tomar unas tapas y una cerveza?**
   （正面にある下のバルに行ってちょっとつまんでビールでも飲まない？）
   apetecer「欲望をそそる」は従属節の動詞を**接続法現在（bajemos）**にして願望を表わす．

Guía Práctica Gramatical 5

1. 接続法（その１）(Subjuntivo)

直説法 (modo indicativo)：事実をありのままに，具体的かつ客観的に表現する．

接続法 (modo subjuntivo)：事柄を事実としてではなく，話し手が心の中に思い浮かべて，観念的かつ主観的に表現する．あるいは不確実な未来の事柄などを表現する．

> **接続法の時制**
> 接続法現在、接続法過去、接続法現在完了、接続法過去完了の４つの時制がある。

A) 接続法現在の活用 (Presente de subjuntivo)

直説法現在の１人称単数が **-o** で終わる動詞は，最後の **-o** を取り除いた形に次の語尾をつける (dar, estar, ser, ir, haber, saber の動詞を除く)．

- **-ar 動詞** ： **-e, -es, -e, -emos, -éis, -en**
- **-er, -ir 動詞** ： **-a, -as, -a, -amos, -áis, -an**

1 規則変化動詞 (Verbos regulares)

hablar (hablo)		**comer** (como)		**escribir** (escribo)	
hable	hablemos	coma	comamos	escriba	escribamos
hables	habléis	comas	comáis	escribas	escribáis
hable	hablen	coma	coman	escriba	escriban

注1 発音に応じて書き方が変わる動詞もある（正書法に注意すべき動詞）

- **buscar** (busco) ： **busque**, busques, busque, busquemos, busquéis, busquen
- **llegar** (llego) ： **llegue**, llegues, llegue, lleguemos, lleguéis, lleguen
- **coger** (cojo) ： **coja**, cojas, coja, cojamos, cojáis, cojan

注2 再帰動詞の接続法現在

- **levantarse** (me levanto) ： **me levante**, te levantes, se levante, nos levantemos, os levantéis, se levanten

B) 接続法現在の用法
従属節または独立文（願望文，疑惑文）の内容がまだ実現されていない事柄，事実かどうか不明な事柄を表す場合，あるいは従属節の内容（事柄）に対して否定的な観念，疑惑の念，願望などの思考が働く場合には従属節や独立文中に接続法が用いられる．従属節（文）は次のように分類される．

> 1 名詞節 (Lección 5)
> 2 形容詞節 (Lección 6)
> 3 副詞節 (Lección 7)
> 4 独立文 (Lección 7)

1 **名詞節（主動詞＋que＋接続法）**：主節の動詞（主動詞）が以下のような場合，接続詞 que につづく名詞節の動詞は接続法を用いて次の観念を表わす．

(1) **感情**（喜び、悲しみ、遺憾、恐れ）を表わす場合：*sentir, temer, agradecer, alegrarse de, admirar, sorprender, gustar, ser lamentable, ser extraño, ser raro, ser una lástima, tener miedo de* など

　　Siento mucho que **esté** enferma su madre.　（←estar）
　　Me alegro mucho de que **te cases** con María.　（←casarse）
　　Temo que **lleguemos** tarde a clase.　（←llegar）

(2) **意志**（願望・懇願・依頼・勧告・命令・助言・禁止・要求・反対・許可・強制・放任・決定・主張・意図など）を表わす場合：*querer, desear, esperar, rogar, preferir, mandar, ordenar, decir, exigir, pedir, suplicar, aconsejar, recomendar, proponer, prohibir, oponerse a, impedir, permitir, hacer, dejar, procurar, obligar a, insistir en, tratar de, importar, convenir, tener la esperanza de* など

　　Quiero que **leas** esta novela de ciencia-ficción.　（←leer）
　　El profesor nos manda que **hablemos** en español en clase.　（←hablar）
　　Deseamos que nos **escribas** pronto.　（←escribir）
　　Te aconsejo que no **fumes** tanto.　（←fumar）

(3) **否定**や**疑惑**などを表わす場合：*negar, no creer, no imaginarse, dudar, no parecer, no ser cierto, duda de* など

　　No creo que **lleguemos** a tiempo.　（←llegar）

(4) **必要性**や**可能性**などを表わす場合：*poder, bastar, ser posible, ser probable, ser imposible, posibilidad de, probabilidad de, peligro de, ser mejor, ser natural, ser necesario* など

　　Es imposible que yo le **llame** ahora mismo.　（←llamar）
　　Hay una posibilidad de que **suceda** algo imprevisto.　（←suceder）
　　Es mejor que **te lleves** el paraguas.　（←llevarse）

注1 願望を表わす文では，主節と従属節の主語が同じ場合は不定詞を用いる．
　　{ Quiero que cantes una canción.（君に是非，一曲歌って欲しい）　（←cantar）
　　　Quiero cantar una canción.（私は何か一曲歌いたい）
　　{ Mi padre desea que yo estudie en la universidad.　（←estudiar）
　　　　（父は私に大学で学んで欲しいと願っています）
　　　Mi padre desea estudiar en la universidad.（父は大学で学びたいと思っています）

注2 接続法と不定詞を用いて表現できる動詞もある．
　　{ Permítame que le presente a mi amigo don José.（友人のホセさんをご紹介いたします）
　　　Permítame presentarle a mi amigo don José.

Ejercicios 5

[A] (　　) 内の不定詞を接続法現在に活用させ文を完成させなさい．

1) Hace cinco años que Carlos estudia japonés. Me admira que él (hablar-　　　　) japonés con tanta soltura.
2) La ley prohíbe que los menores de edad (fumar-　　　　) y (beber-　　　　).
3) Permítame que le (presentar-　　　　) al gerente general.
4) Fumas demasiado. Te aconsejo que (dejar-　　　　) de fumar inmediatamente. Si no, vas a morirte joven, ¿eh?
5) Deseamos que (llegar-　　　　) pronto las vacaciones de verano.
6) Te pido que me (prestar-　　　　) mil euros. Te los devolveré pronto.
7) El profesor nos manda que (aprender-　　　　) de memoria por lo menos diez frases al día.
8) Espero que me (escribir-　　　　)(tú) de vez en cuando. Es que eres demasiado perezoso para escribir.
9) No creo que mi amigo me (llamar-　　　　) por teléfono.
10) Mis padres me ordenan que no (confiar*-　　　　) este secreto a nadie.
11) A esa chica le gusta que la (tratar-　　　　) como a una princesa.
12) Le suplico a Vd. que no (enfadarse-　　　　) conmigo.
13) Sentimos mucho que nuestro compañero (dejar-　　　　) los estudios debido a razones económicas.
14) — ¿Cómo es la situación en la que estáis?
    — Es imposible que (llegar-　　　　) (nosotros) a una conclusión pronto.
15) — Oye, María, pareces muy cansada. ¿Qué te pasa?
    — No he podido dormir bien esta noche.
    — Es mejor que (echarse-　　　　) la siesta después de comer.

＊アクセント符号に注意

confiar : **confíe, confíes, confíe, confiemos, confiéis, confíen**

[B-1] 接続詞 **que** 以下に適当な接続法現在を用いて文を完成させなさい．

1) El médico me ha dicho claramente que ＿＿＿＿＿＿＿＿＿＿＿＿＿＿．
2) Para viajar al extranjero es necesario que ＿＿＿＿＿＿＿＿＿＿＿＿＿．
3) Estoy deseando que mi novio ＿＿＿＿＿＿＿＿＿＿＿＿＿＿＿＿＿．
4) Te pido que ＿＿＿＿＿＿＿＿＿＿＿＿＿＿＿＿＿＿＿＿＿＿＿＿．
5) Todos lo dicen, pero yo no creo que Teresa ＿＿＿＿＿＿＿＿＿＿＿．

[B-2] 接続法現在を用いて文を完成させなさい．

1) ねえ，あそこのバルに入ってみない？(entrar, bar, oye, ese, querer, en)

2) 私たちは向こうに時間通りに着けるとは思いません．
   (no creer, llegar, que, allí, a tiempo)

3) 友達がただちに私たちに回答してくるとは疑わしい．
   (que, nos, dudar, enseguida, mi amigo, corresponder)

4) その二国間で紛争が起こるかも知れません．
   (entre, que, conflicto, los, suceder, ser posible, dos países)

5) ロベルトが君に腹を立てるのも当然といえば当然だ．
   (ser, Roberto, que, enfadado con, muy natural, estar)

[C] 以下の文をスペイン語で表現しなさい．

1) あんなにも前途有望な青年 (un joven tan prometedor) が病気だなんて本当に気の毒です．

2) あなた方が大変お元気なので私はとても嬉しいです．

3) 是非，そのSF小説をお読みになるようあなたにお薦めします．

4) この時間に子供たちが家にいないなんておかしいな (Es extraño que...)．

5) 雨が降るかも知れないから，（君は）傘を持って行った (llevarte) ほうがいいよ．

6) 私は同僚たち (compañeros) が自分たちの意見 (opinión) を言うとは思いません．

7) 君たちが遅刻するんじゃないかと私は心配です．

8) 奥さん，窓を開けてもかまいませんか？

9) ホセさん，私の友達をご紹介します．

10) 私はお医者さんから禁煙するように言われています (aconsejarme)．

Lectura 5 — *Don José le aconseja a Antonio que trabaje más en el bufete.*

Don José y doña María se han divertido plenamente durante las vacaciones en la isla de Mallorca, visitando lugares interesantes como la Catedral de Santa María de Palma de Mallorca y comiendo platillos típicos. Ahora están visitando a su hijo Antonio, quien también es abogado y trabaja actualmente en un bufete en Madrid.

Desde hace tiempo que ellos no se ven, así que conversan sobre muchas cosas. Los padres de Antonio quieren saber cómo va su vida en Madrid. Como una buena madre, a doña María le preocupa que su hijo no coma bien o que cene fuera todas las noches. Además, le dice que no es bueno tomar cualquier cosa, y le aconseja que duerma bien y se cuide mucho. A Antonio no le gusta que lo traten como a un niño. Sin embargo, a doña María no le importa la edad, y siempre se preocupa por cuidar a su hijo.

Por otra parte, don José, también quiere ayudar a su hijo y le da algunas recomendaciones como padre, y como abogado de gran experiencia. Él le aconseja a Antonio que trabaje un poco más en este momento que acaba de empezar. Don José sabe que acumular experiencias en el bufete es lo más importante para hacerse un abogado capaz. Él desea que su hijo sea un buen abogado. A decir verdad, desde que era un niño, Antonio ha aprendido muchas cosas gracias a su padre.

Los padres se alegran mucho de que su hijo esté tan bien y tan contento con su trabajo. Entonces, Antonio les propone salir a comer unas tapas y beber cerveza en un bar cercano.

La Catedral de Palma de Mollorca

Cultura 5 — *Las catedrales españolas (Monumentos II)*

La Catedral de Santiago de Compostela, de estilo románico, se empezó a construir en la segunda mitad del siglo XI. En su interior se encuentra la tumba del Apóstol Santiago. Es la meta para los peregrinos que, desde el siglo IX, hacen el Camino de Santiago. El número de peregrinos es mayor en el Año Xacobeo (cuando el día 25 de julio cae en domingo).

Las catedrales de León y Burgos (ambas del siglo XIII) son de estilo gótico. La fachada de **la Catedral de Burgos** sobresale por sus estilizadas torres y sus agujas que se elevan hacia el cielo. En su interior podemos contemplar varias capillas de gran valor artístico y también el sepulcro de El Cid y su esposa doña Jimena. De **la Catedral de León**, destacan sus vidrieras, de una belleza indescriptible.

El arquitecto catalán **Antonio Gaudí** es el máximo representante del modernismo en Cataluña. En 1883 Gaudí se hizo cargo de las obras del templo de **la Sagrada Familia**, imprimiéndole la estética modernista. Gaudí no pudo terminar su obra y en la actualidad famosos arquitectos de varios países continúan construyéndola, conservando su original y creativo estilo. Otras de sus obras destacadas son **el Parque Güell**, **la Casa Milá** y **la Casa Batlló**.

La Catedral de Santiago de Compostela

La Sagrada Familia

Lección 6

Iremos de viaje otro día que nos venga bien.

(Carmen habla con su marido Fernando.)

Carmen : ¿Qué te parece si vamos el próximo fin de semana al Museo Dalí, en Figueras? Saliendo el viernes por la noche o el sábado temprano por la mañana, podremos recorrer y conocer un poco esa zona.

Fernando : Carmen, lo siento, pero **no creo que pueda tener libre el próximo sábado**. El viernes por la noche llegan dos compañeros que trabajan en las sucursales de Bogotá y Caracas, y **mi jefe quiere que el sábado mismo tengamos ya la primera reunión de trabajo**.

Carmen : ¿El sábado? **Depende de la hora a la que lleguen** el viernes, pero el sábado estarán todavía cansados del largo viaje, ¿no?

Fernando : Ya, pero... el trabajo es el trabajo. Tenemos que tratar con ellos muchos asuntos, **así que no nos queda más remedio que aprovechar a tope los días que estén aquí. Los ejecutivos que vengan lo entenderán,** los viajes de negocios son así.

Carmen : **Espero que no sea su primera visita a Barcelona. Es una pena que unos extranjeros vengan a Barcelona y se vayan sin conocer lugares como la Sagrada Familia y el Parque Güell por falta de tiempo.**

Fernando : Venga, Carmen, no te preocupes tanto por ellos.
El tiempo que les quede libre me imagino que lo aprovecharán **para hacer lo que quieran o visitar los lugares que les interesen**.
Y nosotros, bueno, pues ya **iremos de viaje otro día que nos venga bien**, ¿vale?

Carmen : Vale. Voy a ver qué películas ponen este fin de semana.
Si hay alguna que me atraiga, a lo mejor me voy al cine el sábado.

Puntos Claves 6

1) **no creo que pueda tener libre el próximo sábado.**
   （来週の土曜日は時間が取れそうにもないんだ）
   🗝 **no creo que + 接続法 (pueda)** は従属節の内容（弁護士事務所が来週の土曜日を休日にする）に対して否定（疑惑）を表わす．

2) **mi jefe quiere que el sábado mismo tengamos ya la primera reunión de trabajo.** （上司は，土曜日当日に一回目の作業会議を持って欲しいと思っているんだ）
   🗝 **querer que + 接続法 (tengamos)** は話し手の希望・願望を表わす．

3) **Depende de la hora a la que lleguen** （〔金曜日〕に到着する時間にもよるけど）
   🗝 **la (hora) que lleguen** は到着時刻が不明なので**接続法現在 (lleguen)** で表現されている．

4) **así que no nos queda más remedio que aprovechar a tope los días que estén aquí.** （だから彼らがここに滞在する間〔日々〕を私たちはできるだけ有益に使うしかない）
   🗝 **no nos queda más remedio que + 不定詞**は「私たちには～するより他に方法がない」を表わし，**a tope** は「最大限に」の意味．**los días que estén aquí** では，何日間，彼らがここに滞在できるか不明であるため**接続法 (estén)** で表現されている．

5) **Los ejecutivos que vengan lo entenderán,**
   （出席する予定の役員の方々もその点は分かっているだろう）
   🗝 重役が会議に出席するかどうかは未確定なので**接続法 (vengan)** が用いられている．

6) **Espero que no sea su primera visita a Barcelona.**
   （バルセロナに来るのが初めてじゃないといいけど）
   🗝 **que** 以下の従属節に**接続法 (sea)** を用いて主節の希望・願望を表わす．

7) **Es una pena que unos extranjeros vengan a Barcelona y se vayan sin conocer lugares como la Sagrada Familia y el Parque Güell por falta de tiempo.**
   （バルセロナを訪れる外国人の人たちが時間がないために，サグラダ・ファミリアやグエル公園などを見物しないで去ってしまうなんて残念でならないわ）
   🗝 バルセロナを訪れる人たちは未確定であるので**接続法 (vengan)** が用いられ，**Es una pena que + 接続法 (se vayan)** は「～であるのは残念でならない」という残念・遺憾の念を表現する．

8) **El tiempo que les quede libre** （彼らに残された自由な時間）
   🗝 どれだけの時間が彼らに残されているか不明なので**接続法現在 (quede)** が用いられている．

9) **para hacer lo que quieran o visitar los lugares que les interesen.**
   （したいことをするか，あるいは興味のある所を見物するために）
   🗝 彼らは何がしたいのか，興味のある場所がどこなのか不明であるため，ともに**接続法 (quieran, interesen)** が用いられている．

10) **iremos de viaje otro día que nos venga bien, ¿vale?**
    （そのうち都合のいい別の日にでも旅行に行こう，いいだろ？）
    🗝 都合のいい日がいつか分からないので**接続法（venga←venir bien**「好都合である」）が用いられている．

11) **Si hay alguna que me atraiga,** （見てみたい何か〔映画〕があれば）
    🗝 面白そうな映画が上映されているかどうかは不明なので**接続法 (atraiga)** が用いられている．

Guía Práctica Gramatical 6

CD ①-34

1. 接続法（その２）（Lección 5 の続き）

A) 接続法現在の活用　（Lección 5 の続き）

2 不規則変化動詞 (Verbos irregulares)

(1) 語根母音変化動詞

cerrar (cierro)	: **cierre, cierres, cierre,** cerremos, cerréis, **cierren**
perder (pierdo)	: **pierda, pierdas, pierda,** perdamos, perdáis, **pierdan**
sentir (siento)	: **sienta, sientas, sienta,** sintamos, sintáis, **sientan**
dormir (duermo)	: **duerma, duermas, duerma, durmamos, durmáis, duerman**
pedir (pido)	: **pida, pidas, pida, pidamos, pidáis, pidan**

注　書き方が変わる語根母音変化動詞（**-gar, -zar, -gir, -guir** で終わる動詞）

empezar (empiezo)	: **empiece, empieces, empiece, empecemos, empecéis, empiecen**
seguir (sigo)	: **siga,** sigas, siga, sigamos, sigáis, sigan
oler (huelo)	: **huela, huelas, huela,** olamos, oláis, **huelan**
jugar (juego)	: **juegue, juegues, juegue, juguemos, juguéis, jueguen**

(2) 直説法現在１人称単数形を基につくられる動詞

hacer (hago)	: **haga,** hagas, haga, hagamos, hagáis, hagan
caer (caigo)	: **caiga,** caigas, caiga, caigamos, caigáis, caigan
oír (oigo)	: **oiga,** oigas, oiga, oigamos, oigáis, oigan
traer (traigo)	: **traiga,** traigas, traiga, traigamos, traigáis, traigan
salir (salgo)	: **salga,** salgas, salga, salgamos, salgáis, salgan
poner (pongo)	: **ponga,** pongas, ponga, pongamos, pongáis, pongan
tener (tengo)	: **tenga,** tengas, tenga, tengamos, tengáis, tengan
venir (vengo)	: **venga,** vengas, venga, vengamos, vengáis, vengan
decir (digo)	: **diga,** digas, diga, digamos, digáis, digan
ver (veo)	: **vea,** veas, vea, veamos, veáis, vean
conocer (conozco)	: **conozca,** conozcas, conozca, conozcamos, conozcáis, conozcan （＊同じ活用タイプの動詞 ⇒ agradecer, conducir）

No creo que **llueva** esta tarde.　（←llover）

Quiero que **vengas** a la fiesta de cumpleaños.　（←venir）

(3) 直説法現在の1人称単数が **-o** で終わらない6動詞

dar (doy)	: dé, des, dé, demos, deis, den
estar (estoy)	: esté, estés, esté, estemos, estéis, estén
ser (soy)	: sea, seas, sea, seamos, seáis, sean
ir (voy)	: vaya, vayas, vaya, vayamos, vayáis, vayan
haber (he)	: haya, hayas, haya, hayamos, hayáis, hayan
saber (sé)	: sepa, sepas, sepa, sepamos, sepáis, sepan

No creo que **haya** partido de fútbol esta noche. (←haber)

Niego que **sea** verdad lo que dice el periódico de hoy. (←ser)

(4) 再帰動詞の活用

| irse (me voy) | : me vaya, te vayas, se vaya, |
| | nos vayamos, os vayáis, se vayan |

Es una lástima que **os vayáis** tan pronto. (←irse)

B) 接続法現在の用法　（Lección 5 の続き）

CD ①-35

2 **形容詞節**：形容詞節の内容がまだ実現していない事柄とか、事実かどうか不明な場合、あるいは主節が形容詞節の内容を否定する場合、または先行詞が特定できない場合には従属節には接続法を用いる。(＊形容詞節の内容が客観的な事実である場合や先行詞が特定できる場合には直説法を用いる)

Estoy buscando una secretaria que **hable** inglés y español. (←hablar)
（できれば英語とスペイン語が話せるような秘書をひとり探しているところだ）
→英語とスペイン語が話せる秘書が実在するかどうかは不明

Conozco a una secretaria que habla inglés y español.
（英語とスペイン語の話せる一人の秘書を私は知っている）
→英語とスペイン語に堪能な，実在する秘書を知っている

Busco una casa que **tenga** jardín. (←tener)（できれば庭のあるような家）
　　cf. He comprado una casa que tiene jardín.（庭付きの家）

No hay mal que **dure** cien años. (←durar)
（百年もつづくような不幸はない → 待てば海路の日和あり）

¿Hay alguien en esta clase que **sepa** árabe? (←saber)

Ejercicios 6

[A-1] 名詞節の（　　）内の不定詞を接続法現在に活用させ文を完成させなさい．

1) Me han dicho que (volver-　　　　　　) a casa pronto.
2) Quiero que (venir-　　　　　　)(vosotros) a la fiesta de inauguración del hotel.
3) Dudo que ese joven tan inteligente (decir-　　　　　　) esas tonterías.
   Estoy seguro de que no las dice porque es una persona muy honrada y seria.
4) Es mejor que no (decir-　　　　　　)(tú) nada a nadie porque es una cosa muy delicada.
5) Iremos de excursión al lago Kawaguchi, así que esperamos que
   (hacer-　　　　　　) buen tiempo mañana.
6) Niego que (ser-　　　　　　) verdad lo que dicen los vecinos.
7) Es muy probable que mis padres (saber-　　　　　　) ese secreto.
8) No creo que (haber-　　　　　　) asientos libres en el teatro a esta hora.
9) Es una lástima que (irse-　　　　　　) ustedes tan pronto.
10) ¡Niños, ya es hora de que (acostarse-　　　　　　)!

[A-2] 形容詞節の（　　）内の不定詞を接続法現在に活用させ文を完成させなさい．

1) Dicen que en esa compañía se necesita una empleada que (tener-　　　　　　)
   conocimientos de programación.
2) Sueño con vivir en una isla tropical donde no (haber-　　　　　　) coches ni
   luz eléctrica, es que ya estoy harto de vivir en la gran ciudad.
3) A mi padre no hay nada que le (gustar-　　　　　　) tanto como la pesca.
   Cada fin de semana va de pesca con sus amigos.
4) Llaman a la puerta. ¿No hay quien (ir-　　　　　　) a abrir?
5) No hago caso de lo que (decir-　　　　　　) mis compañeros.
6) ¿Pueden levantar la mano los que (estar-　　　　　　) de acuerdo?
7) — ¿Entre vosotros hay alguien que (saber-　　　　　　) informática?
   — Lo siento, pero aquí no hay nadie que (saber-　　　　　　).
8) No hay mal que por bien no (venir-　　　　　　).
9) Tenemos que estar preparados siempre para lo que (venir-　　　　　　).
10) Quiero comprar un coche de último modelo que (tener-　　　　　　) "sistema de
    navegación".

[B-1] que 以下に適当な接続法現在を用いて文を完成させなさい．

1) Estamos buscando una secretaria que _____.
2) Algún día quiero vivir en una casa que _____.
3) En el futuro deseo casarme con un hombre que _____.
4) No conozco a nadie que _____.
5) ¿En tu oficina hay alguien que _____?

[B-2] 接続法現在を用いて文を完成させなさい．

1) 今日できることを明日にのばすな．(para mañana, poder, lo que, no dejar, hacer)

2) このお金で君は好きなものを買っていいよ．
   (con, lo, poder, que, este dinero, comprar, querer)

3) 面白い（映画があれば）映画でも見ようか．(ver, divertida, que, una, ser, película)

4) 私たちは（できれば）アマゾン川に詳しいガイドを探しているところです．
   (estar, conocer, buscar, bien, un, río Amazonas, que, guía)

5) スペイン語には日本語の「ただいま」にあたるような表現はまったくありません．
   (en español, que, ninguna, no haber, expresión, corresponder a…, "Tadaima")

[C] 以下の文をスペイン語で表現しなさい．

1) そのドキュメンタリー (documental) を是非ご覧になるようにあなた方にお薦めします．

2) その案件 (asunto) はそんなに複雑だと私は思いません．

3) 友人たちがそのことを知っているなんてまさか！

4) 君は今すぐ彼と連絡を取った (ponerse en contacto con...) 方がいいよ．

5) 君は何でもいいから (lo que querer) 私に尋ねてもいいよ．

6) 今年の夏はあまり人がいないような海水浴場 (playa donde no haber) に行こうと思います．

7) どなたか中国語に堪能な (ser fuerte en...) 方をご存じないですか？

8) あらゆる設備が整った (tener comodidades) そんな家を私たちは探しているんです．

9) なにか面白い推理小説があったら貸してくれないかい？

10) 彼のことをとやかく言える (poder criticar) ような人は誰もいません．

Lectura 6 — *Carmen y Fernando irán de viaje otro día que les venga bien.*

Carmen, la hija mayor de la familia de don José, es maestra en una escuela primaria. Se ha casado con un salmantino que se llama Fernando. Los dos se conocen desde la niñez, es decir, que son amigos de la infancia.

Fernando trabaja en la casa matriz de un banco importante en Barcelona, una ciudad global, con mucha actividad financiera y comercial. Siempre anda muy ocupado, con mucho trabajo. Por eso, ellos no han podido ir de vacaciones últimamente.

A Carmen se le ocurre una idea y le propone a su marido que vayan al Museo Dalí, en Figueras. Pero Fernando dice que será imposible, debido a que el viernes por la noche llegan dos compañeros de las sucursales de Bogotá y Caracas. Además, su jefe quiere que el sábado mismo tengan la primera reunión de trabajo, aunque tal vez estén cansados por el largo viaje. Fernando sabe que los viajes de negocios son así, siempre con muchas actividades. Así que no queda más remedio que aprovechar muy bien los días en que sus compañeros estén en Barcelona.

Por su parte, Carmen lamenta que, por falta de tiempo, ellos se vayan sin conocer las obras del gran arquitecto Antonio Gaudí, como la Basílica de la Sagrada Familia y el Parque Güell, que además son Patrimonio de la Humanidad.

Finalmente, Fernando le dice a Carmen que irán de viaje otro día que les venga bien.

El Parque Güell

Cultura 6 — *Velázquez y Goya (Pintura y museos I)*

España es un país de grandes pintores y sus obras se pueden ver en importantes centros de arte en Madrid como el **Museo del Prado**, el **Museo Nacional Centro de Arte Reina Sofía** y el **Museo Thyssen-Bornemisza**. Otros museos importantes de España son el Museo Dalí (Figueras), el Guggenheim (Bilbao), los Museos Picasso (Barcelona y Málaga) y la Fundación Miró (Barcelona).

A continuación, presentamos algunos de los pintores españoles más famosos.

Diego de Silva y Velázquez (1599-1660) fue un gran maestro del naturalismo, en la época del barroco español. Fue pintor de la corte, es decir, realizaba retratos del rey y su familia.

Su obra más famosa es *Las meninas* (1656), en la que podemos ver a la infanta doña Margarita con las muchachas que acompañaban a los hijos de los reyes. Además, se interesó por los temas mitológicos e históricos, como se observa en *Las lanzas* (1634).

Francisco de Goya (1746-1828) fue un pintor excepcional que reflejó en sus cuadros algo de las costumbres, la historia y la política de España. Para mostrar la crueldad de la guerra pintó *Los fusilamientos* de la Moncloa (1814). También fue pintor de la corte y son muy conocidas sus obras *La maja vestida* (1800) y *La maja desnuda* (1803). Goya se quedó sordo y por eso realizó terribles dibujos de monstruos y fantasmas, conocidos como las *Pinturas negras*.

Las meninas de Velázquez en el Museo del Prado

La maja desnuda de Goya

Lección 7

Esta noche les llamaré para que sepan que estoy aquí.

(*Makoto está en Madrid y está charlando con Antonio.*)

Makoto : ¡Qué alegría estar otra vez en España!

Antonio : ¡Cuánto tiempo sin verte, Makoto!

Makoto : **Mi universidad me ha enviado para que haga un estudio** sobre los últimos cambios en la política de los países de la Unión Europea, y tengo que viajar a varios países.

Antonio : **¡Ojalá puedas descansar un poco!**

Makoto : Sí, claro. **Cuando tenga toda la información que necesito,** iré a Salamanca. Quiero ver a tus padres y a Carlos.

Antonio : **Antes de que vayas, es mejor que les llames por teléfono.** Últimamente viajan mucho, pero **posiblemente esté Carlos**.

Makoto : Por supuesto. De todas formas, **esta noche les llamaré para que sepan que estoy aquí.** Tengo muchas ganas de hablar con ellos. También **tengo pensado ver a Laura**.

Antonio : ¿Qué tal tu vida en Japón?

Makoto : Bueno, pues estoy bastante ocupado. Pero estoy muy contento porque es un trabajo muy interesante.

Antonio : **¡Que te vaya bien en tus estudios!** Oye, por cierto, ¿Laura es aquella chica que trabajaba en la Oficina de Turismo? Es una chica guapísima y muy amiga de mi hermana Carmen.

Makoto : ¿Sabes si tiene novio?

Antonio : Pues **probablemente lo tenga,** porque además es simpatiquísima. Oye, pero, **¿por qué no se lo preguntas cuando la veas?**

Puntos Claves 7

1) **Mi universidad me ha enviado para que haga un estudio**
   （私の勤める大学が研究するように私を派遣したのです）
   - **para que + 接続法 (haga)** は「～するために；～するように」の目的の意味を表わす．

2) **¡Ojalá puedas descansar un poco!** （少しは休めるといいね！）
   - **¡Ojalá + 接続法 (puedas)!** は「どうか～しますように！」という強い願望を表わす独立文．

3) **Cuando tenga toda la información que necesito,**
   （私が必要な情報がすべて収集できたときには）
   - **cuando + 接続法 (tenga)** は「～する時，～したら」の意味を表わす．副詞節の内容がまだ実現していない事柄，あるいは未確定な事柄を表す場合は接続法を用いる．

4) **Antes de que vayas, es mejor que les llames por teléfono.**
   （訪ねる前に彼らに電話をしておいた方がいいよ）
   - **antes de que + 接続法 (vayas)** は「～する前に」（まだ実現していない事柄）を表わす．
   - **es mejor que + 接続法 (llames)** は「～した方がいい」の意味を表わす．

5) **posiblemente esté Carlos.** （もしかしたらカルロスはいるかもしれない）
   - **posiblemente + 接続法 (esté)** は「おそらく，たぶん」（可能性が低い）の意味を表わす．

6) **esta noche les llamaré para que sepan que estoy aquí.**
   （僕がここにいることを知ってもらうために今晩，彼らに電話してみよう）
   - **para que + 接続法 (sepan)** は「～するために」の目的の意味を表わす．

7) **tengo pensado ver a Laura.** （僕はラウラに会おうと考えている〔会うつもりだ〕）
   - **tener + 過去分詞の形容詞形**は「～してある」という行為の結果を表現する．

8) **¡Que te vaya bien en tus estudios!** （研究がうまくいくといいね！）
   - **¡Que + 接続法 (vaya)!** は「どうか～でありますように！」という願望を表す独立文．
   - **te** は間接目的格人称代名詞「君にとって」，**ir bien** は「うまくいく」の意味．

9) **probablemente lo tenga,** （ひょっとしたら彼女は恋人がいるかもしれない）
   - **probablemente + 接続法 (tenga)** は「おそらく，たぶん」（可能性が低い）の意味を表わす．
   - **lo** は直接目的格人称代名詞で novio「恋人」をさす．

10) **¿por qué no se lo preguntas cuando la veas?**
    （彼女に会ったらどうしてそのことを訊かないの？）
    - **cuando + 接続法 (veas)** は「～する時」を意味する．いつ彼女に会えるか不明なので接続法が用いられている．**se** は間接目的格人称代名詞で「彼女に」，**lo** は直接目的格人称代名詞で前文の内容（恋人がいるかもしれないこと）をさす．

Guía Práctica Gramatical 7

CD ②-2

1. 接続法（その３）（Lección 6 の続き）
　B) 接続法現在の用法　（Lección 6 の続き）
　　3 **副詞節**：副詞節の内容が以下のようにまだ実現していない事柄，事実かどうか不明の事柄，つまり未来の未確定な事柄を表わす場合には接続法を用いる．

　　　★ 内容が未確定であるため常に接続法を従える．

　　1) **目的**を表わす副詞節：*para que..., a fin de que..., no sea que...*
　　　Hable usted despacio para que le **entendamos** bien.　(←entender)
　　2) **条件**を表わす副詞節：*en el caso de que..., con tal que..., a condición de que..., a menos que..., a no ser que...*
　　　En el caso de que te **pase** algo, avísame al instante.　(←pasar)
　　　Te lo diré con tal que lo **guardes** en secreto.　(←guardar)
　　3) **否定**を表わす副詞節：*sin que...*
　　　Voy a arreglar el asunto sin que lo **sepa** mi familia.　(←saber)

　　　★ 内容が未確定な場合のみ接続法を従える．

　　4) **時**を表わす副詞節　：*cuando..., hasta que..., en cuanto..., tan pronto como..., antes de que..., después de que..., mientras que..., siempre que...*
　　　Cuando **vea** usted a Rosa, dígale que estoy bien.　(←ver)
　　　　（ロサに会ったら，私は元気でいるとお伝えください→ いつ会えるか不確実）
　　　Pase usted por mi casa cuando **tenga** tiempo libre.　(←tener)
　　　Pueden ustedes venir a verme cuando **quieran**.　(←querer)
　　　Debe usted guardar cama hasta que **se sienta** mejor.　(←sentirse)
　　　Avísame en cuanto **aparezca** Alicia.　(←aparecer)
　　　Nunca olvidaré su amabilidad mientras **viva**.　(←vivir)
　　　Llámeme por teléfono siempre que **necesite** mi ayuda.　(←necesitar)
　　5) **方法**を表わす副詞節：*como..., según..., de forma que..., de modo que..., de manera que...*
　　　Hazlo como te **parezca** mejor.　(←parecer)
　　　Pon los muebles de manera que **quede** bonita la habitación.　(←quedar)
　　6) **譲歩**を表わす副詞節：*aunque..., aun cuando..., por + 形容詞・副詞 + que...*
　　　Aunque me lo **jures**, no te creo.　(←jurar)
　　　Aun cuando **se oponga** mi padre, voy a casarme contigo.　(←oponerse)
　　　Por muy ocupado que **esté**, asistirá a la boda.　(←estar)

注 副詞節の内容が事実あるいは習慣的行為を表わす場合は直説法，内容が未確定なあるいは仮説（仮定）的な場合には接続法を用いる．

{ Aunque *tengo* dinero, no voy a comprar ese reloj.
　（実際にお金はあるけれども，私はその時計は買わない）
{ Aunque *tenga* dinero, no voy a comprar ese reloj.
　（たとえお金があっても，私はその時計は買わない）（仮定の話）

4 **独立文**：以下のような場合には接続法を用いる．

1) 願望文：「～せんことを，どうか～しますように」

　¡Que en paz **descanse**! （←descansar）
　　（どうか安らかに眠らんことを！）(**q.e.p.d.** や **Q.E.P.D.** と略される)
　Que **aproveche**. ― Gracias, igualmente. （←aprovechar）
　¡Que **sean** bienvenidos! （←ser）
　¡Ojalá (que) me **toque** la lotería! （←tocar）
　¡**Viva** México! ¡**Viva** la Independencia! （←vivir）

2) 間接命令文：「～するように」

　Que **espere** un momento. （←esperar）
　（ちょっと待ってもらってください．）

3) 譲歩節：「たとえ～であっても」（接続法の動詞を2回繰り返す）

　Pase lo que **pase**, voy a hacer lo prometido. （←pasar）
　Haga el tiempo que **haga**, vamos a ir de excursión mañana. （←hacer）
　Vayas a donde **vayas**, voy contigo. （←ir）
　Sea como **sea**, tenemos que tener en cuenta todas las posibilidades. （←ser）

4) 疑惑文：「もしかすると～であるかもしれない」（接続法の場合は直説法よりも可能性が低い）

{ Tal vez **tengas** razón. （←tener）（もしかすると君の言う通りかもしれない）
{ Tal vez tienes razón. （多分，君の言うとおりだ）

{ Quizá **sea** verdad lo que dice el periódico. （←ser）
　　（新聞に書いてあることはもしかしたら事実かもしれない）
{ Quizá será verdad. （多分，事実だろう）

{ Acaso no lo **sepan**. （←saber）（ひょっとすると彼らはそのことを知らないのかもしれない）
{ Acaso no lo saben. （多分，彼らはそのことを知らないのだろう）

注 **acaso** は **tal vez, quizá (quizás)** よりも疑惑の念が強い．

Ejercicios 7

[A-1] (　　) 内の不定詞を接続法現在に活用させ文を完成させなさい.

1) Te lo digo para que (saber-　　　　) cómo es mi amigo José.
2) Este coche es pequeño para que (caber-　　　　) todos nosotros.
3) Tienes que explicárselo bien a fin de que (poder-　　　　)(tú) convencerlo.
4) En el caso de que (tener-　　　　)(tú) algún problema, avísame enseguida.
5) Puedes contar conmigo mientras yo (vivir-　　　　).
6) Te diré el secreto con tal (de) que no se lo (decir-　　　　) a nadie.
7) Iremos de pesca el próximo sábado a no ser que (llover-　　　　).
8) No podemos salir de la sala sin que nos (ver-　　　　).
9) Cuando (ir-　　　　) a Madrid, no dejes de visitar el Museo del Prado.
10) Puedes pasar por mi casa con toda confianza cuando (querer-　　　　).
11) Queremos viajar por Sudamérica cuando (tener-　　　　) tiempo y dinero.
12) Te llamaré tan pronto como (llegar-　　　　) allí.
13) ¿Por qué no pones la lámpara de modo que la luz te (dar-　　　　) más directamente?
14) Por más frío que (hacer-　　　　), me levanto muy temprano.
15) Salimos dentro de poco, antes de que (ponerse-　　　　) el sol.

[A-2] (　　) 内の不定詞を接続法現在に活用させ文を完成させなさい.

1) Mañana iremos de excursión a la península de Izu.
   ¡Ojalá no (llover-　　　　)!
2) ¡Ojalá (tener-　　　　) Ud. mucho éxito en sus negocios!
3) Luis y Margarita se han casado. Que (ser-　　　　) felices.
4) (Pasar-　　　　) lo que (pasar-　　　　), voy a cumplir lo prometido porque soy una persona muy responsable.
5) (Ser-　　　　) como (ser-　　　　), vamos a terminar este trabajo.
6) (Querer-　　　　) o no (querer-　　　　), debes hacerlo.
7) (Hacer-　　　　) el tiempo que (hacer-　　　　), nos marchamos mañana temprano.
8) (Ser-　　　　) cual (ser-　　　　) el motivo, no debes hacerlo.
9) Tal vez no (venir-　　　　) muchos invitados a la fiesta.
10) Que yo (saber-　　　　), es una persona honrada y seria.

[B] ( ) 内のスペイン語を用いて次の文に答えなさい．

1) ¿Por qué se esconde el niño? (sus padres, no ver, lo)

 — Para que _____.

2) ¿Hasta cuándo piensas trabajar en esta empresa? (jubilarse, yo)

 — Hasta que _____.

3) ¿Cuándo piensas comprarte un piso? (tocar, me, la lotería)

 — Cuando _____.

4) ¿Qué le pasará a Aurora? Ya hace tres días que no viene a clase. (no estar, enferma)

 — ¡Ojalá (que) _____!

5) ¿Dónde vais a dejar el coche? (haber, un aparcamiento libre)

 — Donde _____.

[C] 以下の文をスペイン語で表現しなさい．

1) 君に読んでもらうためにこのベストセラー小説 (novela superventas) を持ってきたよ．

2) 困ったときには (cuando tener problemas) 遠慮なく (con toda confianza) 私に電話をかけてください．

3) 熱が下がるまで (quitársete la fiebre) 君は起きてはいけないよ．

4) 君たちはいつでもいいから (cuando querer) 私に会いに来てもいいよ．

5) たとえ彼がどんなにお金持ちでも (por muy...que...)，わたしは彼と結婚するつもりはないわ．

6) 先生，一日も早くよくなります (mejorarse) ように！

7) 私はそのサッカーチームのサポーター (hincha) です．明日はどうか晴れますように！

8) 皆さん，いよいよ出発の時間です (ya es hora de ...)．どうか楽しいご旅行を！

9) 多分，彼はその件については何も知らないでしょう．

10) 独立，万歳！自由 (libertad)，万歳！

Lectura 7 — *Cuando tenga toda la información que busca, Makoto irá a Salamanca.*

Makoto es un profesor de política internacional en la universidad. Gracias a su trabajo, Makoto viaja bastante por varios países europeos para realizar investigaciones. Esta vez, su universidad lo ha enviado para que haga un estudio sobre los últimos cambios en la política de los países de la Unión Europea. Aprovechando esta ocasión, ha visitado a Antonio en Madrid.

Makoto le cuenta muchas cosas sobre su vida cotidiana, su familia, las clases de la universidad, y la situación actual de la política y economía de Japón. Mientras tanto, Antonio le habla de su trabajo como abogado en el bufete y también de su familia en Salamanca.

Cuando tenga toda la información que busca para su trabajo, Makoto piensa ir a Salamanca. Tiene muchas ganas de ver a los padres de Antonio y a Carlos, el hermano menor de Antonio. Últimamente la familia viaja mucho, así que Antonio le recomienda a Makoto que llame por teléfono antes de ir a Salamanca.

Además, Makoto tiene pensado ver a Laura, una chica guapísima y simpatiquísima que trabaja en la Oficina de Turismo en Salamanca. Ella es muy amiga de Carmen, la hermana mayor de Antonio. Makoto le pregunta a Antonio si Laura tiene novio. Como Antonio ve que Makoto está muy interesado en la chica, le aconseja que se lo pregunte directamente cuando la vea.

Centro de la ciudad de Salamanca

Cultura 7 — *Picasso, Dalí y Miró (Pintura y museos II)*

Pablo Ruiz Picasso (1881-1973) fue el gran genio de la pintura del siglo XX. Trabajó con nuevas técnicas y fue uno de los creadores del cubismo. Entre sus pinturas encontramos muchos retratos de sus hijos, mujeres y amantes. Su obra más importante es *el Guernica* (1937), un gran cuadro que critica la guerra y sus horrores. Las obras de Picasso se exponen en museos de todo el mundo.

Salvador Dalí (1904-1989) tenía una personalidad muy excéntrica y fue uno de los principales representantes del surrealismo. Sus obras contienen escenas fantásticas o sueños. Entre las más conocidas, encontramos *La persistencia de la memoria* (1931) con la famosa imagen de los relojes blandos. El autor también retrató en sus pinturas a su esposa, Gala. Su casa, en Figueras, se convirtió en el Museo Dalí.

Las obras de **Joan Miró** (1893-1983) están llenas de fantasía e imaginación. Nos muestran una visión surrealista a través de animales jugando, extrañas figuras llenas de vida, y sus famosas composiciones geométricas en colores brillantes, como en *El carnaval de Arlequín* (1925). Miró también fue un gran escultor y ceramista. De 1957 a 1959 creó *La pared de la Luna* y *La pared del Sol*, murales que se pueden ver en el edificio de la UNESCO, en París.

Un mural de Miró

El Guernica de Picasso

Lección 8 — En mi familia no había nadie que fuera abogado.

(*Antonio y su novia Sonia están charlando tranquilamente en una cafetería.*)

Sonia : Antonio, ¿cuándo empezaste a pensar que querías ser abogado?

Antonio : Pues **no me acuerdo exactamente,** pero desde niño. Cuando me preguntaban, yo siempre contestaba que quería ser abogado, como mi padre.

Sonia : **¿Te pidió tu padre que estudiaras Derecho?**

Antonio : No, claro que no. **Tanto mi padre como mi madre me dijeron que estudiara lo que me gustara,** pero **yo sé que se alegraron mucho de que eligiera la carrera de Derecho,** sobre todo mi padre. ¿Y tú?

Sonia : Mi caso es diferente. **En mi familia no había nadie que fuera abogado. La verdad es que yo elegí la carrera de Derecho sin saber muy bien por qué. Quizá pensaba que cuando terminara la carrera sería fácil encontrar trabajo.** ¡Qué inocente era!

Antonio : Bueno, no podemos quejarnos, ¿no crees? Ya estamos trabajando y estamos contentos. **¡Ojalá todas las personas que han terminado Derecho pudieran decir lo mismo!**

Sonia : Pues sí, es verdad. Oye, y pensándolo bien, creo que ahora entiendo por qué decidí hacerme abogada: **el destino me llevó a la Facultad de Derecho para que en el futuro tú y yo pudiéramos conocernos.**

Antonio : ¡Oh! ¡Qué bonito!

Puntos Claves 8

1) **no me acuerdo exactamente,** （よく覚えていないんだ）

   再帰動詞 **acordarse** は「覚えている，思い出す」を意味する．
   ¿Te acuerdas de mí? — Sí, claro, me acuerdo de ti muy bien.
   Si mal no me acuerdo, Colón llegó a San Salvador el día 12 de octubre de 1492.
   （私の記憶に間違いがなければ = Si mal no recuerdo）

2) **¿Te pidió tu padre que estudiaras Derecho?**
   （あなたのお父さんが法学を専攻するようにあなたに頼んだの？）

   主節の動詞が懇願を表わす動詞の点過去 (pidió) なので，**時制の一致により従属節の動詞が接続法過去 (estudiara)** になっている．

3) **Tanto mi padre como mi madre me dijeron que estudiara lo que me gustara,**
   （父も母も僕が好きなものを学んだらいいと言ってくれたんだ）

   dijeron はここでは「命令する，言いつける」の意味で用いられ，点過去なので**従属節の動詞は接続法過去 (estudiara)** になっている．

4) **yo sé que se alegraron mucho de que eligiera la carrera de Derecho,**
   （法学を専攻すると決めたとき〔両親は〕とっても喜んでくれたのはわかっているんだ）

   主節の動詞が「喜び」を表わす点過去 (se alegraron) なので**従属節の動詞は接続法過去 (eligiera)** になっている．

5) **En mi familia no había nadie que fuera abogado.**
   （うちの家系では弁護士になった人は誰もいないの）

   主節の動詞が否定を表わす線過去 (había) なので**従属節の動詞が接続法過去 (fuera)** が用いられている．

6) **La verdad es que yo elegí la carrera de Derecho sin saber muy bien por qué.**
   （実はよく分からないままわたしは法学を専攻したの）

   la verdad es que ... は「本当は，実を言うと」の意味を表わす．

7) **Quizá pensaba que cuando terminara la carrera sería fácil encontrar trabajo.**
   （大学課程が修了したら簡単に仕事が見つかるんじゃないかなと考えていたの）

   主節が線過去 (pensaba) で，いつ大学を修了できるか未定なので**接続法過去 (terminara)** が用いられている．

8) **¡Ojalá todas las personas que han terminado Derecho pudieran decir lo mismo!**
   （法学部を卒業した人がみんな同じような意見だったらいいんだけどなあ！）

   Ojalá + 接続法過去は「～であればよかったのだが」の意味を表わす．

9) **el destino me llevó a la Facultad de Derecho para que en el futuro tú y yo pudiéramos conocernos.**
   （わたしが法学部に入学したのは運命だったの，将来，あなたとわたしが知り合うためだったのよ）

   para que + 接続法は「～するために」の目的の意味を表わす．主節が点過去 (llevó) であるので**接続法過去 (pudiéramos)** が用いられている．

Guía Práctica Gramatical 8

1. 接続法過去 (Pretérito imperfecto de subjuntivo)

A) 活用：直説法点過去3人称複数の活用形から最後の -ron を取り除き，次の語尾をつける．

> **-ra 形**：-ra, -ras, -ra, -ramos, -rais, -ran
> **-se 形**：-se, -ses, -se, -semos, -seis, -sen

＊-ra 形と-se 形がある．
＊1人称複数のアクセントに注意．

hablar (hablaron)	→	hablara, hablaras, hablara, habláramos, hablarais, hablaran hablase, hablases, hablase, hablásemos, hablaseis, hablasen
comer (comieron)	→	comiera, comieras, comiera, comiéramos, comierais, comieran comiese, comieses, comiese, comiésemos, comieseis, comiesen
vivir (vivieron)	→	viviera, vivieras, viviera, viviéramos, vivierais, vivieran viviese, vivieses, viviese, viviésemos, vivieseis, viviesen
leer (leyeron)	→	leyera, leyeras, leyera, leyéramos, leyerais, leyeran leyese, leyeses, leyese, leyésemos, leyeseis, leyesen
sentir (sintieron)	→	sintiera, sintieras, sintiera, sintiéramos, sintierais, sintieran sintiese, sintieses, sintiese, sintiésemos, sintieseis, sintiesen
dormir (durmieron)	→	durmiera, durmieras, durmiera, durmiéramos, durmierais, durmieran durmiese, durmieses, durmiese, durmiésemos, durmieseis, durmiesen
pedir (pidieron)	→	pidiera, pidieras, pidiera, pidiéramos, pidierais, pidieran pidiese, pidieses, pidiese, pidiésemos, pidieseis, pidiesen
haber (hubieron)	→	hubiera, hubieras, hubiera, hubiéramos, hubierais, hubieran hubiese, hubieses, hubiese, hubiésemos, hubieseis, hubiesen
estar (estuvieron)	→	estuviera, estuvieras, estuviera, estuviéramos, estuvierais, estuvieran estuviese, estuvieses, estuviese, estuviésemos, estuvieseis, estuviesen
poder (pudieron)	→	pudiera, pudieras, pudiera, pudiéramos, pudierais, pudieran pudiese, pudieses, pudiese, pudiésemos, pudieseis, pudiesen
venir (vinieron)	→	viniera, vinieras, viniera, viniéramos, vinierais, vinieran viniese, vinieses, viniese, viniésemos, vinieseis, viniesen
decir (dijeron)	→	dijera, dijeras, dijera, dijéramos, dijerais, dijeran dijese, dijeses, dijese, dijésemos, dijeseis, dijesen
ser ; ir (fueron)	→	fuera, fueras, fuera, fuéramos, fuerais, fueran fuese, fueses, fuese, fuésemos, fueseis, fuesen

B) 用法：主節が直説法の点過去・線過去・過去未来で，主節の動詞が従属節に接続法を要求する場合に用いられ，過去のある時点でまだ実現していない事柄や，事実かどうか不明の事柄などを表わす（→接続法現在の用法を参照）．

{ Hablo despacio para que me entiendan bien los estudiantes.
{ Hablé despacio para que me **entendieran** bien los estudiantes.

1 従属節に接続法過去が用いられる場合（名詞節，形容詞節，副詞節）

Sentí mucho que no **pudierais** venir a la fiesta de cumpleaños. （←poder）
Mis padres deseaban que **estudiara** en la universidad. （←estudiar）
Yo quería que **vinierais** a mi casa a comer. （←venir）
Les dije a los niños que **volvieran** a casa pronto. （←volver）
Yo no creía que **fuera** verdad lo que decía el periódico. （←ser）
Al principio, no me parecía que **fuera** tan divertida esa película. （←ser）
En esa oficina buscaban un empleado que **hablara** español y portugués. （←hablar）
Entonces no había nadie que lo **supiese**. （←saber）
Es muy extraño que mi amigo **hiciera** tales tonterías. （←hacer）
Había peligro de que los alpinistas **se perdiesen** en la montaña. （←perderse）
No podíamos salir del salón sin que nos **viesen**. （←ver）
José me dijo que esperaría a su novia hasta que **viniera**. （←venir）

2 独立文（現在の事実に反する願望や疑惑を表わす）

¡Ojalá **estuviera** aquí mi novio! （←estar）
¡Si **fuera** verdad! （←ser）
¡Quién **supiera** volar como un pájaro! （←saber）
Me dijo que, **pasara** lo que **pasara**, haría todo lo posible por mí. （←pasar）
Tal vez no **entendieran** bien lo que les dije. （←entender）

3 婉曲表現（-ra 形を用いる．直説法過去未来に代わる婉曲表現）

Quisiera pedirle un favor. （←querer） （= Querría pedirle un favor.）

4 como si + 接続法過去 (-ra 形)：「あたかも～であるかのように」

Mi amigo habla como si lo **supiera** todo. （←saber）

Ejercicios 8

[A-1] （　）内の不定詞を接続法過去に活用させ文を完成させなさい．

1) El profesor les aconsejaba a los estudiantes que (hacer-　　　　) esfuerzos.
2) Mi padre no me permitía que (salir-　　　　) sola por la noche.
3) No podía imaginarme que los dos (ser-　　　　) novios desde hace años.
4) No creíamos que el profesor (estar-　　　　) tan gravemente enfermo.
5) En la rueda de prensa el ministro de Hacienda negó que (haber-　　　　) peligro de inflación.
6) Yo quería que mis compañeros (ponerse-　　　　) de acuerdo conmigo.
7) Yo quería que tú me (decir-　　　　) la verdad.
8) No hubo quien (atreverse-　　　　) a decirles la verdad.
9) A mí no había nada que me (gustar-　　　　) más que jugar al tenis.
10) Me dijeron que (quedarse-　　　　) en casa aquel fin de semana.
11) Les pedí que (venir-　　　　) lo más pronto posible.
12) Sentí mucho que mi íntimo amigo (verse-　　　　) obligado a dejar los estudios por motivos familiares.
13) Me alegré mucho de que mis padres (estar-　　　　) muy bien de salud.
14) Yo quería comprar un teléfono móvil que (tener-　　　　) cámara incorporada.
15) Yo necesitaba a alguien que me (ayudar-　　　　) en mi despacho.

[A-1] （　）内の不定詞を接続法過去に活用させ文を完成させなさい．

1) Te lo dije en serio para que (darse-　　　　) cuenta.
2) Le presté una novela para que la (leer-　　　　).
3) Le dije que me avisara pronto en el caso de que (ocurrir-　　　　) algo imprevisto.
4) Me decía que (pasar-　　　　) por su casa cuando (querer-　　　　).
5) Le presté un CD con tal que me lo (devolver-　　　　) al día siguiente.
6) Nos dijeron que aunque (hacer-　　　　) mal tiempo irían de excursión.
7) ¿Ya te vas? ¡Ojalá (quedarte-　　　　) aquí para siempre!
8) (Ir-　　　　) a donde (ir-　　　　), yo te echaba de menos.
9) Necesitábamos una secretaria que (saber-　　　　) español e inglés.
10) Como canta el Trío los Panchos, "Bésame, bésame mucho, como si (ser-　　　　) esta noche la última vez".

[B] 接続法過去を用いて（　　）内のスペイン語文に対する文を完成させなさい．

1) (Lo que dice una persona que tiene 60 años y le gustaría ser más joven.)

   Ojalá _____.

2) (Lo que dice una chica que no encontró en las tiendas el abrigo del precio que ella quería.)

   Quería un abrigo que _____.

3) (Lo que dice un chico a quien no le dio tiempo a disculparse por teléfono.)

   La llamé para pedirle perdón, pero me colgó antes de que _____.

4) (Lo que recuerdan unos alumnos de su profesor de alemán.)

   Siempre hablaba muy despacio y claramente para que nosotros _____.

5) (Lo que dice Manuela recordando sus tiempos de estudiante.)

   En mi colegio no llevábamos uniforme, podíamos ir vestidos como _____.

[C] 以下の文をスペイン語で表現しなさい．

1) 皆さんには是非，私の個展 (exposición individual) に来ていただきたかったです．

2) お医者さんは私に甘い物を控えるよう (no comer dulces) 勧めました (aconsejar).

3) 友だちは私にそのことを誰にも言ってはいけないよ (decírselo a nadie) と言いました．

4) 先生は私たちにいつでもいいから (cuando querer) 家に寄りなさい (pasar por su casa) とおっしゃいました．

5) 私はスペイン語がこんなに面白いものだとは思いませんでした (no creer).

6) キューバでは日本のテレビドラマ (telenovela) がこんなに人気がある (tener tanta popularidad) とは私は想像もつきませんでした (poder imaginarme).

7) 僕は子供の頃，子供扱いされる (tratar como a un niño) のが嫌でした．

8) そのビデオを見終わったら (después de…) 私に貸してくれるよう彼に頼みました．

9) 私たちはできれば郊外にある住宅を購入したかったのです．

10) ひょっとしたら (tal vez) 彼らはいつもの電車に乗り遅れたかもしれません．

Lectura 8 — *Los padres de Antonio le dijeron que estudiara lo que le gustara.*

Sonia, la novia de Antonio, es madrileña, abogada también, y trabaja en el mismo bufete. Los dos se conocieron en el trabajo. Ahora están charlando tranquilamente en una cafetería.

Ella le pregunta cuándo empezó a pensar que quería ser abogado. Él le contesta que desde niño quería ser abogado, como su padre. Además, Sonia quiere saber si su padre le pidió que estudiara Derecho en la Universidad de Salamanca.

Antonio le contesta que tanto su padre como su madre le dijeron que estudiara lo que le gustara. Por supuesto, sus padres se alegraron mucho de que eligiera la carrera de Derecho.

Por su parte, Sonia le cuenta que su caso es diferente. En su familia no había nadie que fuera abogado. Eligió la carrera de Derecho sin saber muy bien por qué. Tal vez pensaba inocentemente que cuando terminara la carrera sería fácil encontrar trabajo.

Al final, los dos encontraron un buen trabajo juntos, así que Antonio comenta que no pueden quejarse. Sonia está de acuerdo. Además, ahora ella entiende bien por qué decidió hacerse abogada: el destino la llevó a la Facultad de Derecho para que ella y Antonio pudieran conocerse.

La Universidad de Salamanca

Cultura 8 — *La unidad de España y la colonización del Nuevo Mundo.*

El año 1492 es muy importante en la historia de España y del mundo, por diversos acontecimientos: la publicación de **la primera gramática de la lengua castellana** (la gramática de **Antonio de Nebrija**); **la conquista de Granada**; y **el descubrimiento de América**, llamado actualmente **el encuentro de dos mundos**.

En ese año, los **Reyes Católicos** tomaron Granada, y con esto terminó la **Reconquista**, una lucha de casi 800 años por recuperar el territorio español, ocupado por musulmanes.

En 1469 se habían casado **Isabel de Castilla** y **Fernando de Aragón**, quienes años más tarde se convirtieron en los Reyes Católicos y ayudaron a crear el Estado unitario de España.

Precisamente ellos apoyaron a **Cristóbal Colón** para buscar una ruta más corta hacia la India por el oeste. La expedición de Colón partió el 3 de agosto de 1492 del puerto de Palos (Huelva) en tres carabelas: la Pinta, la Niña y la Santa María. El 12 de octubre llegaron a la isla de Guanahaní (actualmente Bahamas). En viajes posteriores fueron llegando a otras islas antillanas: la Española, Cuba, etc.

La política expansionista de España llevó a la conquista del imperio azteca en México, por **Hernán Cortés** en 1521, y del imperio inca en Perú, por **Francisco Pizarro** en 1533. Así inició la colonización del llamado Nuevo Mundo.

Cristóbal Colón

Los Reyes Católicos

Lección 9

Te agradezco mucho que me hayas traído tantos regalos.

Carlos : ¡Hola, Makoto! **Me alegro mucho de que hayas podido venir a España.**

Makoto : Gracias, Carlos. Oye, **perdona que no te haya escrito últimamente.**

Carlos : No te preocupes. **Te agradezco mucho que me hayas traído tantos regalos.**

Makoto : ¿Qué tal tu viaje a Latinoamérica?

Carlos : Fui a Guatemala para trabajar como voluntario en una comunidad indígena. **Necesitaban jóvenes que hubieran terminado sus estudios de bachillerato.**

Makoto : ¿Y qué tipo de trabajo hiciste?

Carlos : Al principio, **quería que los responsables del proyecto me hubieran enviado a trabajar a unas ruinas mayas,** pero fui con otros voluntarios a construir una escuela en un pueblo cerca de Tikal.

Makoto : **Me parece muy bien que hayas decidido pasar tus vacaciones haciendo algo tan importante.**

Carlos : Sí. **Posiblemente hayas oído hablar alguna vez de Tikal,** es uno de los centros ceremoniales más destacados de la civilización maya que se conocen. También trabajamos enseñando a los niños. **Ellos querían que nos hubiéramos quedado a vivir con ellos para siempre,** eran muy cariñosos.

Makoto : ¿Cómo era tu vida allí?

Carlos : Vivía con una familia muy amable y generosa. **¡Ojalá hubiera traído las fotos para enseñártelas!** Un día subimos al volcán Tajumulco, el pico más alto de Centroamérica. **No creo que haya otro lugar más bonito en el mundo.**

Makoto : **Me gustaría que me hubieras enseñado las fotos,** pero ya me tengo que ir.

Carlos : Bueno, ya las veremos otro día.

Puntos Claves 9

1) **Me alegro mucho de que hayas podido venir a España.**
   （君がスペインに来ることができてとても嬉しいよ）
   - 再帰動詞 alegrarse de que + 接続法は接続詞 que 以下の従属節に対して「～を喜ぶ；嬉しく思う」という話し手の心情（喜び）を表わす．**hayas podido** は接続法現在完了．

2) **perdona que no te haya escrito últimamente.** （最近，君に手紙も書かずに申し訳ない）
   - perdonar que + 接続法は謝罪を表わす．**haya escrito** は接続法現在完了．

3) **Te agradezco mucho que me hayas traído tantos regalos.**
   （こんなにたくさんお土産を持ってきてくれてどうもありがとう）
   - agradecer que + 接続法は感謝の念を表現する．**hayas traído** は接続法現在完了．

4) **Necesitaban jóvenes que hubieran terminado sus estudios de bachillerato.**
   （中等教育課程を修了した青年たちが必要とされていた）
   - necesitar que + 接続法は「～を必要とする」の意味で3人称複数動詞を用いた無人称文で受身表現になっている．**hubieran terminado** は接続法過去完了．

5) **quería que los responsables del proyecto me hubieran enviado a trabajar a unas ruinas mayas,** （プロジェクトの責任者がマヤの遺跡で働くよう僕を派遣して欲しいと思っていた）
   - querer que + 接続法は願望を表わし，**hubieran enviado** は接続法過去完了．

6) **Me parece muy bien que hayas decidido pasar tus vacaciones haciendo algo tan importante.**
   （とっても大切なことをしながら休暇を過ごすことにしたなんてとてもいいことだと私は思うよ）
   - **Me parece muy bien que** + 接続法は「～はとても素晴らしいように私には思える」という価値判断を表わす．**hayas decidido** は接続法現在完了．

7) **Posiblemente hayas oído hablar alguna vez de Tikal,**
   （多分，君はティカルについての話を何度か聞いたことがあるかも知れない）
   - posiblemente + 接続法は「ひょっとして」という実現性や可能性が低いことを表わす．
   hayas oído は接続法現在完了．知覚動詞 (oír) + 不定詞で「～するのを聞く」を表わす．

8) **Ellos querían que nos hubiéramos quedado a vivir con ellos para siempre,**
   （彼らはいつまでも彼らと一緒に暮らすために僕たちに留まってほしいと思っていた）
   - **nos hubiéramos quedado** は quedarnos「私たちは逗留する」の接続法過去完了．

9) **¡Ojalá hubiera traído las fotos para enseñártelas!**
   （君に見せてあげるのに写真を持ってくればよかったなあ！）
   - **¡Ojalá + 接続法!** は「どうか～でありますように」の願望文，**hubiera traído** は接続法過去完了で「できれば～しておけばよかったなあ」の意味を表わす．

10) **No creo que haya otro lugar más bonito en el mundo.**
    （世界にこれほど美しい所が他にあるとは僕は思わない）
    - **No creo que** + 接続法は主節の否定の念を表わす．haya は haber の接続法現在．

11) **Me gustaría que me hubieras enseñado las fotos,** （もっと写真を見せてほしいんだが）
    - **Me gustaría que** + 接続法は「できれば～してほしい」という婉曲表現，主節が過去未来の時制なので従属節が**接続法過去完了 (hubieras enseñado)** になっている．

Guía Práctica Gramatical 9

1. 接続法現在完了

A) 活用：

haber の接続法現在＋過去分詞（無変化）			
haya	hayamos		
hayas	hayáis	+	hablado, comido, vivido, escrito
haya	hayan		

B) 用法：直説法の現在完了あるいは未来完了に対応する．接続法が要求される構文のなかで用いられる．まだ実現していない事柄や事実かどうか不明な事柄を完了的な意味をこめて表わす．

1 名詞節

No creo que don José lo **haya dicho** en serio.

Me alegro de que mi amigo **haya conseguido** la beca del gobierno.

Temo que ya **haya salido** el tren.

Lástima que **hayas llegado** tarde al maravilloso concierto de esta noche.

2 形容詞節

¿Hay alguien aquí que **haya estado** alguna vez en España?

Necesitamos un joven que **se haya especializado** en Informática.

3 副詞節

Te llamaré cuando **haya terminado** este trabajo.

Avísame en cuanto **hayan vuelto** los niños.

4 独立文

¡Ojalá que me **haya tocado** la lotería!

2. 接続法過去完了

A) 活用：

	haber の接続法過去形（-ra 形・-se 形）＋ 過去分詞（無変化）			
-ra 形	hubiera hubieras hubiera	hubiéramos hubierais hubieran	+	hablado, comido, vivido, dicho
-se 形	hubiese hubieses hubiese	hubiésemos hubieseis hubiesen	+	hablado, comido, vivido, dicho

B) **用法**：接続法が要求される構文のなかで，過去のある時点より以前に行われた事柄，まだ実現していないあるいは事実かどうか不明な事柄を表わす（非現実的条件文については Lección 10, Lección 11 を参照）．

1 名詞節

Yo no creía que don José lo **hubiera dicho** en serio.
Me alegré de que mi amigo **hubiera conseguido** la beca del gobierno.
Temíamos mucho que **hubieras tenido** un accidente en el camino.

2 形容詞節

¿Había alguien allí que **hubiera estado** alguna vez en España?

3 副詞節

Me dijo que me llamaría cuando **hubiera terminado** el trabajo.

4 独立文

¡Ojalá **hubiéramos estudiado** más antes de ir a España!

3. 比較表現のまとめ

CD ②-14

1) 優等比較級：**más** + 形容詞・副詞 + **que** ...

Makoto es 20 centímetros **más alto que** yo.
Carlos corre **más rápido que** mi hermano.
Ese niño es **más aplicado que** inteligente.

2) 劣等比較級：**menos** + 形容詞・副詞 + **que** ...

Yo soy **menos alto que** Antonio.
Este tren está **menos lleno**.　(→ Este tren **no** está **tan lleno**.)

3) 同等表現：**tan** + 形容詞・副詞 + **como** ...

Doña María es **tan simpática como** Carmen.
Hideki canta **tan bien como** Chika.
En casa tengo **tantos** libros **como** mi profesor. (**tanto** = tan + mucho)

4) 最上級：定冠詞（＋名詞）+ **más** + 形容詞 + **de (en, entre...)** ...

Este edificio es **el más moderno en** esta zona.
Carlos es **el** que estudia **más de** la clase.
La salud es **lo más importante de** todo.

5) その他の比較表現

Espero que me lo comuniques **lo antes posible**.
Don José trabaja **más que nunca**.
Carmen toca el piano **mejor que nadie**.
Me gusta el café colombiano **más que ningún otro**.
Este coche japonés es muy **superior a** aquel.
Tuve un accidente, pero **menos mal que** no fue nada grave.

Ejercicios 9

[A-1] (　　) 内の不定詞を接続法現在完了に直しなさい．

1) No creo que mi amigo ya (ver-　　　　　) a Carmen.
2) Tal vez Juan no lo (hacer-　　　　　) a propósito.
3) ¡Lástima que mi equipo favorito (perder-　　　　　) el partido de hoy!
4) ¿Hay alguien que (probar-　　　　　) algún vino español?
5) ¿Conoces a alguien que (estar-　　　　　) en Portugal?
6) Quizás a Cari le (tocar-　　　　　) el gordo.
7) Siento mucho que (caer-　　　　　) enferma tu madre.
8) Te llamaré cuando (terminar-　　　　　) los deberes.
9) Me alegro mucho de que (recuperarse-　　　　　) su hijo.
10) Es extraño que no te lo (decir-　　　　　) el profesor.

[A-2] (　　) 内の不定詞を接続法過去完了に直しなさい．

1) Me extrañaba que mi padre no me (decir-　　　　　) nada.
2) ¡Ojalá (comprar-　　　　　) más postales cuando viajamos por Europa!
3) No conocía a nadie que (estar-　　　　　) en Rusia.
4) Lástima que ellos no (discutir-　　　　　) sobre ese proyecto antes de ponerlo en marcha.
5) Habría sido mejor que usted se lo (explicar-　　　　　) más a los alumnos antes del examen.
6) Buscábamos una persona que (manejar-　　　　　) antes este tipo de ordenador.
7) ¿Había alguien que (resultar-　　　　　) herido en el accidente?
8) Ya era bastante tarde. Yo temía que ya (salir-　　　　　) el tren.
9) A mí no me importaba que (enfadarse-　　　　　) conmigo.
10) Me dijo que me prestaría la novela cuando la (leer-　　　　　).

[A-3] (　　) 内に適当なスペイン語を入れて比較文を作りなさい．

1) Carlos es (　　　　) (　　　　) corre (　　　　) (　　　　) de todos.（一番足が速い）
2) Este móvil es (　　　　) (　　　　) el tuyo.（性能がいい）
3) Guillermo habla japonés (　　　　) (　　　　) (　　　　).（誰よりも上手に）
4) Entonces yo no tenía (　　　　) (　　　　) 3 euros.（〜しか持っていなかった）
5) Me gusta la tortilla de este bar (　　　　) (　　　　) nada.（何よりも好きだ）

[B] 以下の文を接続法現在完了または接続法過去完了を用いて文を書き換えなさい．

1) Lo que dice una persona que se arrepiente de haber ido a una fiesta porque se está aburriendo.
   → Ojalá no _____.

2) Lo que dicen unas personas que estaban preocupadas por otras que no llegaban.
   → Temíamos que _____.

3) Lo que le dice una persona a un amigo que ha aprobado unas oposiciones.
   → Me alegro mucho de que _____.

4) Lo que contesta un chico al que han preguntado si él o sus compañeros de clase habían estudiado alguna vez en el extranjero.
   → No, en mi clase no había nadie que _____.

5) Lo que le dice una madre a su hijo que quiere ver la tele antes de hacer los deberes del colegio.
   → Verás la tele cuando _____.

[C] 以下の文をスペイン語で表現しなさい．

1) 彼のお父さんが今朝，亡くなったなんて本当にお気の毒です．

2) あんなに誠実な方が嘘をついたなんてまさか (dudar)．

3) どうか息子が入学試験 (examen de ingreso) に合格していますように！

4) 皆さんのなかで誰かガルシア・ロルカの詩を読んだことのある人はいますか？

5) 当時は北欧 (Europa del Norte) に滞在した経験のある人など誰もいませんでした．

6) 君の両親がかんかんに怒ったのも当然だった．

7) この日本製の軽自動車 (auto compacto de fabricación japonesa) には 4 人しか乗れません (no caber)．

8) 一番大切なのは最善を尽くすことです (hacer todo lo posible)．

9) うちの母は誰よりも料理がうまいと私は確信しています (estar seguro de…)．

10) 私の最新型の (del último modelo) パソコンは，君のよりはるかに性能がいい (mucho mejor)．

Lectura 9

Carlos se alegra mucho de que Makoto haya podido visitar España.

Makoto ahora está en Salamanca. Hace unos días fue a ver a la familia de don José y doña María. Desgraciadamente, ellos no estaban en casa porque habían salido de viaje al pueblo natal de don José. Pero, por suerte, en casa estaba Carlos, con quien Makoto se llevaba muy bien cuando había vivido con su familia. La verdad, todos los miembros de la familia de don José siempre atendieron muy bien a Makoto, por eso él los quiere mucho.

Carlos se alegra de que Makoto haya podido venir a Salamanca. A Makoto también le encanta que todos estén muy bien. Ahora los dos están charlando. Carlos le cuenta que estuvo en Guatemala para trabajar como voluntario en una comunidad indígena, construyendo una escuela y enseñando a leer y escribir a los niños. La comunidad estaba cerca de Tikal, la mayor y más importante zona arqueológica de la civilización maya.

Además, le comenta que los mayas destacaron sobre todo por sus grandes conocimientos matemáticos y astronómicos, y porque elaboraron calendarios de gran exactitud: uno ritual de 260 días y otro solar de 365 días. Los mayas también transmitieron su historia a través de la escritura jeroglífica y de los frescos.

A Makoto le sorprendió que Carlos conociera tan bien la cultura maya, y se alegró mucho de que Carlos hubiera aprendido muchas cosas por esta experiencia.

Calendario Azteca (Piedra del Sol)

Escritura jeroglífica

Cultura 9 — *Cervantes y El Quijote.*

Miguel de Cervantes Saavedra nació en Alcalá de Henares, cerca de Madrid, en 1547. Tuvo una vida muy accidentada hasta su muerte en 1616. En 1571 participó como soldado en la batalla de Lepanto, donde resultó herido y perdió la movilidad del brazo izquierdo. En 1575, cuando regresaba a España de otras expediciones militares, fue capturado por unos piratas y pasó cinco años encarcelado en Argel.

Cervantes comenzó su carrera literaria con **La Galatea**, novela pastoril que publicó en 1585. La primera parte de **El ingenioso hidalgo don Quijote de la Mancha** apareció en Madrid en 1605. En esta obra el hidalgo manchego Alonso Quijano se enloquece al leer libros de caballería. Toma el nombre de don Quijote de la Mancha, decide abandonar su aldea y vivir como caballero andante, en compañía de su escudero, Sancho Panza. En el camino encuentra a su dama, Dulcinea del Toboso.

La novela está llena de aventuras que son el choque de la realidad y la fantasía. Por ejemplo, cuando don Quijote se lanza contra los molinos de viento, a los que ve como enemigos gigantes.

El Quijote es una obra cumbre de la literatura universal. Se dice que es la primera novela moderna y el libro con más traducciones, después de *la Biblia*.

Don Quijote y Sancho Panza

Miguel de Cervantes Saavedra

Lección 10   Si fuera posible, a mí me vendría bien en septiembre.

(*Desde que Makoto ha vuelto a Salamanca de visita, ha salido con Laura todos los días.* **Los dos se han confesado su amor** *y hoy están cenando en un restaurante, muy felices y haciendo planes para el futuro.*)

Laura : Aunque ahora soy muy feliz, si pienso que ya tienes que irte pronto a Japón, **me da mucha pena y me pongo muy triste**.

Makoto : Venga, Laura, que **a pesar de que ahora tenemos que separarnos, vamos a estar siempre en contacto** y muy pronto vendré otra vez a España.

Laura : ¿De verdad? Yo te prometo que voy a mandarte correos casi todos los días y también te llamaré de vez en cuando. Pero, **por mucho que nos comuniquemos,** no será lo mismo. ¡**Si yo pudiera ir a Japón...!**

Makoto : ¡Eso sería maravilloso! Si vas, te presentaré a mi familia y a mis amigos, y te llevaré a muchos lugares bonitos de mi país.

Laura : Oye, **en el caso de que yo vaya,** ¿podré alojarme en tu casa?
¿No les parecerá mal a tus padres? Es que, **aunque pueda pagarme el billete con mis ahorros, no creo que me llegue el dinero** para pasar allí unos días como turista.

Makoto : Tú no te preocupes por eso, claro que podrás quedarte en mi casa.
Bueno, ¿y cuándo crees que podrás ir?
Si fuera posible, a mí me vendría bien en septiembre.

Laura : En la Oficina de Turismo cogemos las vacaciones por turnos.
Con tal de que les diga a mis compañeros con un poco de antelación que yo quiero descansar el mes de septiembre, no habrá ningún problema.

Makoto : Bueno, pues decidido; nos vemos en septiembre en Japón.
Y ya sabes, **como te arrepientas, pienso venir a buscarte yo mismo.**

Puntos Claves 10

1) **Los dos se han confesado su amor**　（二人はお互いの愛を誓い合った）
   - se han confesado は**相互再帰 confesarse**「告白し合う」の直説法現在完了.

2) **me da mucha pena y me pongo muy triste.**
   （私はとてもつらくて悲しくなってしまうわ）
   - dar pena は「つらい思いをさせる」の意味を表わす．**再帰動詞 ponerse + 形容詞**（性数変化する）で「(ある状態に)なる」の意味を表わす（形容詞の副詞的用法）.

3) **a pesar de que ahora tenemos que separarnos, vamos a estar siempre en contacto**　（今はお互い離ればなれだけれど，いつも連絡を取り合おう）
   - **a pesar de que + 直説法**は「～であるけれども」という客観的な事実を表わす．estar en contacto は「連絡を取る」の意味.

4) **por mucho que nos comuniquemos,**
   （どんなにお互い連絡を取り合っても，〔実際に会うのとは違うわ〕）
   - **por mucho que + 接続法**は「たとえどんなに～しても」（仮定的譲歩）の意味を表わす．nos comuniquemos は再帰動詞の相互用法で「互いに～し合う」を意味する.

5) **¡Si yo pudiera ir a Japón...!**　（もしも日本に行けたらなあ…！）
   - **si + 接続法過去 (pudiera)** は「もし～ならば」という，現在の事実に反する仮定あるいは実現性の低い仮定を表わす.

6) **en el caso de que yo vaya,**　（もし〔日本に〕行ったら，〔あなたの家に泊めてくれるかしら？〕）
   - **en el caso de que + 接続法 (vaya)** は「もし～の場合には」（条件）を表わす.

7) **aunque pueda pagarme el billete con mis ahorros, no creo que me llegue el dinero**　（航空券は貯金でなんとか払えるけれども，〔観光客として向こうで数日過ごすための〕お金は間に合うとは思わないわ）
   - **aunque + 接続法 (pueda)** は「たとえ～であっても」という仮定的な譲歩を表わし，**no creer que + 接続法 (llegue)** は「～とは思わない」の主節の否定の念を表わす.

8) **Si fuera posible, a mí me vendría bien en septiembre.**
   （もしできたら，僕は9月が都合がいいんだけど）
   - fuera は ser の接続法過去，vendría は venir bien「都合がいい」の直説法過去未来.
   si + 接続法過去（条件節：もし～ならば），**直説法過去未来**（帰結節：～なのに）という現在の事実に反する非現実的条件文となる.

9) **Con tal de que les diga a mis compañeros con un poco de antelación**
   （事前に私の同僚に言っておきさえすれば）
   - **con tal de que + 接続法 (diga)** は「～するならば」（条件）を表わす.

10) **como te arrepientas, pienso venir a buscarte yo mismo.**
    （もし君が気が変わったりしたら，僕自身が君を迎えにくるからね）
    - **como + 接続法 (te arrepientas)** は「もし（仮に）～ならば」という条件を表わす.

Guía Práctica Gramatical 10

1. 条件文（その１）**(Oraciones condicionales)**

接続詞 **si** を用いて「もし～ならば，～である」の意味を表わす文を条件文という．「もし～ならば」を**条件節**といい，「～である；～だろう」を**帰結節**という．その内容によって，実現の可能性のあるものや事実そうである可能性のある**現実的条件文**と，事実とは反対の仮定を表わす**非現実的条件文**とがある．

1) 現実的条件文

条件節	帰結節
si + 直説法	直説法・命令など

Si *llueve*, *voy* en coche a la oficina.
Si no *tiene* usted inconveniente, *venga* aquí mañana.
Si *es* posible, *desearía* hablar con usted ahora mismo.
Si *ha leído* usted ya el periódico, *déjemelo*, por favor.
Me dijo que *estaría* en casa si *llovía* al día siguiente.

2) 非現実的条件文

① 現在の事実に反する条件文

条件節	帰結節
si + 接続法過去 (-ra 形, -se 形)	直説法過去未来

Si lo **hicieras** tú, **me enfadaría** mucho contigo.
Si yo **fuera** usted, no **haría** tales tonterías.
Si yo **tuviera** tiempo, **iría** a España.
¿Qué **harías** si te **tocara** la lotería?
¡Si mi novio **estuviera** ahora conmigo, **sería** feliz!

注1 **De ser verdad** lo que dicen, **se enfadaría** mucho mi padre.
（**de** + 不定詞：「もし～ならば，～したら」の条件を表わす）

注2 帰結節が現実的条件文のような半現実的条件文ともいえる条件文もある．
Si **fuera** posible, *quiero* hablar con el presidente.
Está lloviendo mucho, pero si **dejara** de llover, *llevo* a los niños al zoo.

注3 **como si** + 接続法過去（**-ra** 形が一般的）：「まるで～であるかのように」
Don José siempre me trata con cariño, **como si fuera** hijo suyo.
Me siento muy bien, **como si estuviera** en mi casa.
El bebé se ríe **como si entendiera** lo que decimos.

注4 過去の事実に反する条件文については Lección 11を参照．

3) 譲歩表現

aunque..., a pesar de que... などの接続詞を用いて表現する．以下のように直説法または接続法によって意味が異なる．一般的には，**por mucho (poco) que..., por muy** + 形容詞・副詞 + **que...** は接続法をしたがえる．

1 現実的譲歩文：逆説的な事実を述べ，「〜ではあるが，〜なのに，〜だけど」を表わす．

譲歩節	帰結節
aunque + 直説法	直説法

Aunque *tengo* dinero, no *pienso* comprar tal cosa.
（お金を持っているけれどもそんなものは買わない）

Le *ayudaré* a pesar de que no me *cae* bien.

Por mucho que *fuma*, siempre *está* muy bien de salud.

2 仮定的譲歩文：「たとえ〜であっても，もし〜でなければ」などを表わす．

(1) 譲歩節中に接続法現在が用いられる場合は現在の仮定を表わす．

譲歩節	帰結節
aunque + 接続法現在	直説法

Aunque **tenga** dinero, no **voy** a comprar tal cosa.
（たとえお金を持っててもそんなものは買うつもりはない）

Le **ayudaré** a pesar de que no me **caiga** bien.

Por mucho que **fume**, siempre **estará** muy bien de salud.

Por muy rico que **sea**, no **pienso** casarme con él.

Vendremos mañana a no ser que **ocurra** algo imprevisto.

A menos que **llueva**, **voy** a visitarte mañana.

Aun cuando **se opongan** mis padres, **voy** a casarme contigo.

> 注 **Pase lo que pase**（たとえどんなことが起こっても），**Haga el tiempo que haga**（たとえどんな天気でも）などの譲歩表現については Lección 7, 4 3) 譲歩節を参照のこと．

(2) 譲歩節中に接続法過去が用いられる場合は現在の非現実的な仮定を表わす．

譲歩節	帰結節
aunque + 接続法過去 (-ra 形, -se 形)	直説法過去未来

Aunque **tuviera** dinero, no **compraría** tal cosa.
（たとえお金を持っててもそんなものは買わないだろう）

Le **ayudaría** a pesar de que no me **cayera** bien.

Por mucho que **fumara**, siempre **estaría** muy bien de salud.

Por muy rico que **fuera**, no **me casaría** con él.

Ejercicios 10

[A-1] (　　) 内の不定詞を接続法過去または直説法過去未来に活用させ条件文にしなさい．

1) No creo que venga a la reunión. Pero si (venir-　　　　　), se lo (decir-　　　　　).
2) Tengo muchas ganas de verte. Si (ser-　　　　　) un pájaro, (poder-　　　　　) volar hasta donde vives.
3) Si yo (tener-　　　　　) dinero, (comprar-　　　　　) un yate magnífico y (dar-　　　　　) una vuelta al mundo con mis amigos.
4) Si (poder-　　　　　) volver a mi juventud, (casarse-　　　　　) contigo.
5) Si nos (quedar-　　　　　) tiempo, nos (gustar-　　　　　) visitar el Museo del Prado.
6) Si yo (ser-　　　　　) tan guapa como tú, (hacerse-　　　　　) actriz.
7) No (haber-　　　　　) vida en la Tierra sin el calor del sol.
8) Yo que tú, no (hacer-　　　　　) esas tonterías.
9) De ser el primer ministro, yo (hacer-　　　　　) todo lo posible para mejorar las relaciones diplomáticas entre ambos países.
10) Mi amigo habla como si lo (saber-　　　　　) todo.

[A-2] (　　) 内の不定詞を接続法現在・過去など適当な時制に活用させ仮定的譲歩文（仮定文）にしなさい．

1) Aunque tú me (decir-　　　　　) la verdad, no te voy a creer jamás.
2) Aunque (llover-　　　　　), llevaré a los niños al parque zoológico.
3) Por mucho que (practicar-　　　　　), no podrás llegar a bailar tango como los argentinos.
4) Por más frío que (hacer-　　　　　), me levanto muy temprano.
5) Llegarán a tiempo a menos que no les (pasar-　　　　　) algo imprevisto.
6) Aun cuando (ser-　　　　　) verdad la noticia, no voy a creerla.
7) Por muy tarde que (llegar-　　　　　), te esperaría en el café de siempre.
8) Por poco que (ganar-　　　　　), yo pagaría la deuda.
9) Le diría la verdad a pesar de que no le (gustar-　　　　　).
10) A pesar de que (funcionar-　　　　　) este sistema, no irían bien la industria y la economía de los países del tercer mundo.

[B] 以下の適当な節を用いて文を完成させなさい．

> - no tendría que levantarme tan temprano todos los días.
> - no pienso decírtelo.
> - voy a enfadarme, ¿eh?
> - con la condición de que no se lo digas a nadie.
> - está haciendo un tiempo primaveral.

1) A pesar de que estamos todavía a finales de febrero, _____

2) Aunque me lo preguntes mil veces, _____

3) Te lo contaré _____

4) Como llegues tarde, _____

5) Si viviera más cerca de la universidad, _____

[C] 以下の文をスペイン語で表現しなさい．

1) もし私があなただったら，そんなことは耐えられませんね (no poder aguantarlo).

2) もし君が先生だったら，生徒たちにどのようにアドバイスする (aconsejar)?

3) まるで雲の上で寝ているかのように (como si estar) 気持ちいい (sentirse bien).

4) 君がここにいなくても (aunque)，君の言いたいことは僕は想像できる (imaginarme).

5) たとえどんなに忙しくとも (por muy…que…) 私は結婚式には出席します．

6) もしも暇とお金があったら，私は南米を旅行するのになあ．

7) もしあなたに子供がいたら，彼らの気持ちが分かるのに (comprender a los niños).

8) もし今，大地震 (gran terremoto) が起きたら，あなたがたはどうしますか？

9) もし明日，天気がよければ私たちはハイキングに行くんだけどなあ．

10) もし時間があれば (quedarnos tiempo) 私たちはプラド美術館を見学できるのですがねえ．

Lectura 10 *Laura cree que, si pudiera ir a Japón, sería maravilloso.*

Desde que Makoto ha venido de nuevo a Salamanca, ha salido con Laura todos los días. Finalmente, Makoto se decidió a expresar sus sentimientos y le ha pedido matrimonio a Laura. Ella aceptó. ¡Qué alegría que los dos se hayan confesado su amor! Don José, su familia y los amigos esperaban de todo corazón esa noticia, así que se alegraron mucho.

Ahora, los dos están cenando en un restaurante, muy felices y haciendo planes para el futuro. Sin embargo, la verdad es que a Laura le da mucha pena y se pone muy triste al pensar que Makoto tiene que volver pronto a Japón. Para ellos es muy difícil pasar la vida separados. Makoto también lamenta profundamente la separación. Entonces, Laura le dice en voz baja que, si pudiera ir a Japón, sería maravilloso. A Makoto le parece una gran idea y le pregunta cuándo podría ir a su país. Laura responde que, si fuera posible, le vendría bien en septiembre, aprovechando las vacaciones de la Oficina de Turismo. Además, le pregunta a Makoto si, en el caso de que fuera a Japón, podría alojarse en su casa. Él se alegra y le dice que será bienvenida. Además, así podrá presentarle a su familia y la llevará a muchos lugares interesantes.

Laura y Makoto se quieren de todo corazón. Sus familias y todos los amigos esperan que lleven una vida muy feliz. Como Makoto está tan entusiasmado, le advierte a Laura que, si se arrepiente del viaje, él mismo vendrá a buscarla. Al salir del restaurante, mirando las estrellas del cielo nocturno de Salamanca, Makoto le dice a Laura; "mira, esa estrella brillante en la derecha es la tuya y la izquierda es la mía".

La Plaza Mayor (Salamanca)

Cultura 10 — *La España del siglo XX.*

España empezó el siglo XX con gran inestabilidad política. En 1923 hubo un golpe de estado y la dictadura de **Miguel Primo de Rivera** terminó en 1930. Grupos de izquierda ganaron las elecciones de 1931 y empezó **la II República**. Con la misma tendencia, los republicanos del Frente Popular ganaron nuevamente las elecciones en 1936. Sin embargo, el general **Francisco Franco** encabezó grupos nacionalistas que se sublevaron y pelearon por casi tres años, en **la Guerra Civil**. El 1 de abril de 1939 Franco anunció el final del conflicto y se mantuvo en el poder hasta su muerte, en 1975. Entonces, **Juan Carlos I** (nieto de Alfonso XIII) fue proclamado rey de España. Se inició el proceso de la transición democrática.

El **PSOE** (Partido Socialista Obrero Español) fue el gran vencedor en las elecciones de 1982. Se convirtió en uno de los grandes partidos políticos de España. Igualmente pasó con el **PP** (Partido Popular). Ambos han gobernado en diferentes periodos desde entonces. Recientemente han empezado a surgir nuevos movimientos y partidos políticos.

España fue integrándose a Europa: ingresó en la OTAN (Organización del Tratado del Atlántico Norte) y en la CEE (Comunidad Económica Europea) en 1986. En 1992 llamó la atención del mundo por la celebración de los Juegos Olímpicos en Barcelona y la Exposición Universal de Sevilla. España es hoy un país moderno y democrático.

Las Cortes Españolas

La Guerra Civil

Lección 11

Si hubiéramos tenido tiempo, habríamos ido a Salamanca.

Doña María : ¡Sonia, por fin te conocemos! Antonio nos ha hablado mucho de ti.

Sonia : ¡Encantada! Yo también tenía muchas ganas de conocer a toda la familia. **Si hubiéramos tenido tiempo, habríamos ido a Salamanca el mes pasado,** pero estábamos muy ocupados en el bufete.

Don José : No te preocupes, **aunque no hayáis podido ir todavía, quizás en el verano estéis más libres.**

Antonio : Oye, ¿dónde está Carlos? Todavía no ha llegado.

Doña María : Es verdad, **ya tendría que haber llegado, a no ser que haya tenido un accidente grave con la moto. Como no llegue pronto, tendremos que llamar a la policía.**

Elena : ¡No seas exagerada, mamá! Ya conocéis a Carlos. **Si se hubiera levantado pronto, ya habría llegado,** pero seguro que anoche salió con sus amigos y se habrá levantado tardísimo.

Héctor : **En el caso de que a las 2 no haya venido, podemos llamarle al móvil.**

Carmen : Makoto, hoy te toca a ti hacer el brindis.

Makoto : Bueno, **con tal de que todos brindemos en español y en japonés.**

Fernando : ¡Carlos, por fin!

Carlos : ¡Hola a todos!... Y perdón por el retraso.

Antonio : ¡Siempre igual, Carlos! **Por más que te digamos que salgas pronto de casa,** nunca llegas a tiempo.

Carmen : Sí, Carlos, **aunque estuviera aquí el rey, tú llegarías tarde.**

Makoto : ¡Atención, por favor! Yo no soy el rey, pero quiero hacer un brindis muy especial. ¡Para que sigamos siendo tan amigos! ¡Salud! ¡Kanpai!

Todos : ¡Salud! ¡Kanpai!

Puntos Claves 11

1) **Si hubiéramos tenido tiempo, habríamos ido a Salamanca el mes pasado,**
   （もし時間があったならば，先月サラマンカに行ったんですけど）
   - si + 接続法過去完了 (hubiéramos tenido) と直説法過去未来完了 (habríamos ido) で条件節と帰結節の内容がともに過去の事実に反する非現実的条件文をつくる．「もし~だったら，~だったのに」の意味を表わす．

2) **aunque no hayáis podido ir todavía, quizás en el verano estéis más libres.**
   （まだ行けなかったとしても，たぶん夏になればもう少し暇になるだろう）
   - aunque + 接続法現在完了 (hayáis podido) は現在までにある行為が完了したことについての仮定（たとえ~であっても）を表わす．quizás は「たぶん，おそらく」を表わす．

3) **ya tendría que haber llegado, a no ser que haya tenido un accidente grave con la moto.** （バイクで大事故にでも遭わないかぎり，とっくに着いているはずなんだけど）
   - haber llegado は不定詞の複合形（助動詞 haber + 過去分詞）で，a no ser que + 接続法 (haya tenido は接続法現在完了) は「~でないかぎり，~でなければ」の条件を表わす．

4) **Como no llegue pronto, tendremos que llamar a la policía.**
   （もしもう少しして着かなかったら警察に電話しなくちゃならないわ）
   - como + 接続法 (llegue) は「もし~ならば」の条件を表わす．

5) **Si se hubiera levantado pronto, ya habría llegado,**
   （もし早く起きたのなら，もうとっくに着いているはずなんだけど）
   - 条件節が si + 接続法過去完了 (se hubiera levantado) で，帰結節が直説法過去未来完了 (habría llegado) だと「過去の事実に反する条件文」になる．

6) **En el caso de que a las 2 no haya venido, podemos llamarle al móvil.**
   （もし2時になっても来ない場合には彼の携帯電話にかけてみよう）
   - en el caso de que + 接続法（haya venido は接続法現在完了）は「もし~の場合には」の仮定を表わす．

7) **con tal de que todos brindemos en español y en japonés.**
   （みんながスペイン語と日本語で乾杯するならば）
   - con tal de que + 接続法 (brindemos) は「~という条件ならば」を表わす．

8) **Por más que te digamos que salgas pronto de casa,**
   （たとえお前に早めに家を出なさいと私たちが言っても）
   - por más que + 接続法 (digamos) は「どんなに~しても」を表わす．主節が「言いつける」（命令）なので従属節には接続法 (salgas) が用いられている．

9) **aunque estuviera aquí el rey, tú llegarías tarde.**
   （たとえここに王様がいたとしても，あなたは遅れて来るでしょう）
   - aunque + 接続法過去 (estuviera：譲歩節), 直説法過去未来 (llegarías：帰結節) は現在の事実に反する条件文になる．

Guía Práctica Gramatical 11

1. 条件文（その２）（Lección 10 の続き）

　1) 非現実的条件文

　　1️⃣ 過去の事実に反する条件文で条件節と帰結節の内容がともに過去の事実に反する場合．

条件節	帰結節
si + 接続法過去完了 (-ra 形, -se 形)	直説法過去未来完了

　　Si yo **hubiera estudiado** más, **habría pasado** el examen.
　　　（もし私がもっと勉強していたら，試験に合格しただろう）
　　Si **hubiéramos llegado** unos minutos más tarde, no **habríamos podido** tomar el avión.
　　　（もしあと数分，遅く着いたら，私たちはその飛行機には乗れなかっただろう）
　　Si yo **hubiera tenido** dinero, **habría comprado** un chalet.
　　　（もし私にお金があったら，別荘の一軒ぐらい買っただろう）
　　Si lo **hubieras hecho** en el primer momento, no **habría pasado** lo que pasó después.
　　　（君は最初に〔やるべきことを〕やっていたら，そのようなことにはならなかっただろう）
　　Yo no **habría ido** allí si **hubiera sabido** que no estaría usted.
　　　（あなたが不在だというのをもし知っていたら，私はそちらには行かなかったでしょう）

　　2️⃣ 条件節の内容が現在の事実に反し，帰結節の内容が過去の事実に反する場合．

条件節	帰結節
si + 接続法過去 (-ra 形, -se 形)	直説法過去未来完了

　　Si **fuera** hijo mío, le **habría regañado** mucho.
　　　（もし私の息子なら，ひどく叱りつけただろう）
　　Si yo **supiera** su número de teléfono, ya te lo **habría dicho**.
　　　（もし私が彼の電話番号を知っていれば，とっくに君におしえたよ）
　　Si yo **tuviera** buena voz, me **habría gustado** ser cantante.
　　　（もし私がいい声だったら，歌手になりたかったのに）

3 条件節の内容が過去の事実に反し，帰結節の内容が現在の事実に反する場合．

条件節	帰結節
si + 接続法過去完了 (-ra 形, -se 形)	直説法過去未来

Si **me hubiera casado** entonces, ya **tendría** hijos.
　（私がもしその時結婚していたら，もう子供がいるだろう）

Si **hubiéramos tomado** ese avión, ya **estaríamos** en Madrid.
　（もしその飛行機に乗っていたら，私たちはもうマドリードにいるだろう）

Si **hubieras bebido** menos anoche, no **tendrías** ahora tanto dolor de cabeza.
　（昨夜はもう少し飲むのを控えていれば，今頃は君はそんなに頭が痛くなくてすんだのに）

2) 仮定的譲歩文

譲歩節中に接続法過去完了が用いられる場合は過去における非現実的な仮定を表わす．

CD ②-25

譲歩節	帰結節
aunque + 接続法過去完了	直説法過去未来完了

Aunque **hubiera nevado**, **habríamos subido** a la montaña.
　（たとえ雪が降ったとしても，私たちは山に登っただろう）

Aunque **hubieras tardado** mil años en venir, yo te **habría esperado** aquí.
　（たとえ君が来るのにどんなに時間がかかっても，僕は君をここで待っただろう）

Le **habría ayudado** a pesar de que no me **hubiera caído** bien.
　（たとえ私とそりが合わなかったとしても，彼を援助しただろう）

Por mucho que **hubiera fumado**, siempre **habría estado** muy bien de salud.
　（彼はどんなにタバコをたくさん吸ったとしても，いつも健康そのものだっただろう）

Por muy rico que **hubiera sido**, no **me habría casado** con él.
　（たとえ彼が大金持ちだったとしても，彼とは結婚しなかっただろう）

Ejercicios 11

[A] ( ) 内の不定詞を接続法過去完了もしくは直説法過去未来完了に活用させ過去の事実に反する条件文にしなさい．

1) Si yo (conocer-   ) una mujer como ella hace 40 años, (casarme-   ) con ella y ya tendría nietos.
2) Si tú me lo (preguntar-   ) de antemano, te lo (decir-   ), pero no me dijiste nada.
3) Si yo (saber-   ) conducir, (poder-   ) llegar a tiempo al destino.
4) Si yo (estar-   ) en tu lugar entonces, no (hacer-   ) tal cosa.
5) Si yo no (ir-   ) a aquella fiesta, no (conocernos-   ).
6) Si tú (seguir-   ) mi consejo, no (fracasar-   ).
7) Si usted me lo (decir-   ), yo no (hacer-   ) tales tonterías.
8) Si yo (tomar-   ) ese avión, (morir-   ) en el accidente.
9) Si yo (ser-   ) ladrón, ya te (robar-   ) la cartera.
10) Si (hacer-   ) buen tiempo aquel día, nosotros (subir-   ) a la montaña.

[B] 以下の適切な節を用いて文を完成させなさい．

- habríamos encontrado el mismo atasco.
- no nos habrían puesto una multa.
- hemos jugado mejor que el equipo contrario.
- sigue viviendo y trabajando igual que antes.
- es que tu nivel de español ya es bastante bueno.

1) Aunque hayamos perdido el partido, _____

2) Aunque le ha tocado mucho dinero en la lotería, _____

3) Si no hubiéramos aparcado en aquel lugar prohibido, _____

4) Aunque hubiéramos salido una o dos horas antes, _____

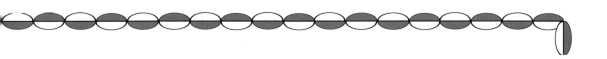

5) Si has podido hacer bien este ejercicio, _____

[C] 以下の文をスペイン語で表現しなさい．

1) あの時（当時）商売がうまくいっていれば (salir bien mis negocios)，私は家を手放す必要もなかったのに (no tener que vender).

2) 君が言ってくれなかったら (decírmelo)，僕は今日，会議がある (haber una reunión) のをつい忘れるところだったよ (olvidarse de que…).

3) あと数分，空港に遅く着いたら，私たちはその飛行機に乗れなかっただろう (tomar ese avión).

4) もし私が君の父親だったら，夜中に一人で外出する (salir solo) のを許さなかっただろう (no permitir).

5) もし，ずっと前に知り合っていたら (conocerse)，僕たちは結婚していたかもね．

6) 君が行ってしまってから1年が経ったが (hacer un año que)，まるで10年も時が過ぎたかのようだ (como si…, pasar).

7) もしあなたが私にそう言ってくだされば (decírmelo)，お役にたてたのですが (ayudarle).

8) もしあの時，時間さえ許せば (darme tiempo)，君のためにそれを喜んでやってあげたのだが (hacértelo con mucho gusto).

9) 両国がもっと相互理解に務めさえすれば (hacer esfuerzos por entenderse mutuamente)，戦争にならずにすんだのに (no hacer la guerra).

10) あの時どんなにたくさんスペイン語の単語を覚えたとしても，文法の知識がなかったら (sin los conocimientos de gramática) 今のようにスペイン語が話せなかっただろう．

Lectura 11   *Si hubieran tenido tiempo, habrían ido a Salamanca.*

Hoy se ha organizado una reunión de la familia de don José: Carmen y su marido Fernando, Antonio y su novia Sonia, Elena y, por supuesto, Makoto, que es como un miembro de la familia. Sonia tenía muchas ganas de conocer a toda la familia de su novio. Por su parte, Antonio siempre les había hablado mucho de Sonia. Por eso, don José y doña María también habían esperado ansiosamente que su hijo y Sonia fueran a visitarlos. Sin embargo, en el bufete había mucho trabajo, y ellos estaban muy ocupados. Si hubieran tenido tiempo, habrían ido a Salamanca. Pero al fin llegó el día y se han conocido.

Carlos, el hijo menor, no ha llegado todavía. La familia ya está acostumbrada. Saben que Carlos nunca llega a tiempo. Carmen, su hermana mayor, dice que, aunque estuviera el rey presente, Carlos llegaría tarde. Pero doña María, como una buena madre, siempre está inquieta. Carlos suele conducir una moto y a ella le preocupa que él haya tenido un accidente grave.

Mientras lo esperan, Carmen le pide a Makoto que haga el brindis. Hoy le toca a él. Entonces, Makoto lo acepta con tal de que todos brinden en español y en japonés. Justamente en ese momento llega Carlos, saludando alegremente. Tan pronto como están reunidos todos, Makoto hace un brindis peculiar en español y en japonés, para que sigan siendo tan amigos y vivan felizmente para siempre. Luego, todos brindan con expresiones en los dos idiomas: ¡Salud! y ¡Kanpai!

Tapas

¡Salud! y ¡Kanpai!

Cultura 11 — *La lengua española.*

España es una nación multilingüística. Además de la lengua oficial, el español o el castellano, se hablan gallego, catalán y vasco o euskera. Las lenguas románicas habladas en España se derivaron del latín, al igual que los idiomas italiano, francés, portugués y rumano. Aunque ahora tienen pronunciación y gramática diferente, conservan muchas estructuras y vocabulario parecido.

Muchas palabras en español provienen de las lenguas de otros pueblos. Por ejemplo, de la lengua visigoda: *blanco*, *rico*, *guerra*. Del árabe: *algodón*, *almohada*, *almacén*. También hay palabras que proceden del vasco, como: *boina*, *gorra*, *pizarra*, etc. Tras la llegada de los españoles a América, el español se enriqueció con la entrada de muchos términos procedentes de las lenguas prehispánicas: del arahuaco (*canoa*, *iguana*, *huracán*, etc.), del náhuatl (*chocolate*, *tomate*, *aguacate*, etc.), del quechua (*cóndor*, *papa*, *quena*, etc.), entre otras.

El español es una de las lenguas con mayor número de hablantes en el mundo. Además de España y los países latinoamericanos, se habla también en un país africano: Guinea Ecuatorial. Es una lengua ampliamente usada en Estados Unidos, por el gran número de inmigrantes de países hispanohablantes.

La Pirámide del Sol (Teotihuacan, México)

Guipúzcoa (País Vasco)

VOCABULARIO AVANZADO
本テキストで使われたレベルアップ語彙

- 語彙は課ごとに区切り，それぞれ **Diálogo, Guía Práctica Gramatical, Ejercicios, Lectura, Cultura** に出てくる順番に従って並べました．
- 名詞，動詞，形容詞を中心に選び，その他の品詞に関しては，重要と思われるものだけを選びました．
- 複数の課において使われている語彙は，初出の課のみに記載しました．
- 基本的に名詞は無冠詞で，形容詞は男性単数形で記載しました．

Lección 1

[Diálogo]
tener ganas de+*inf*., ir bien, llamar por teléfono, alguna vez, con frecuencia, conferencia, congreso, acercarse

[Guía Práctica Gramatical]
centro comercial, industria eléctrica, progresar, de siempre, muela, elecciones generales

[Ejercicios]
ataque al corazón, divertido, agacharse, pronóstico del tiempo, jugar al escondite

[Lectura]
abogado, competente, estudiante de posgrado, tierra natal, echar de menos, tener ganas de, platillo, disfrutar, delicia, exquisito, regional, charlar, por otra parte, irle bien, acostumbrarse, universitario, frecuentemente, conferencia, distinto

[Cultura]
vida cotidiana, costumbre, sorprender, horario, en general, divertirse, madrugada, espectáculo, establecimiento comercial, soler, grandes almacenes, hipermercado, continuo, diario, mayoría, frecuente, colegio, instituto, elegir, derecho a, a lo largo de, día festivo, puente

Lección 2

[Diálogo]
sorpresa, un rato, prometer, resultar, ahora mismo

[Guía Práctica Gramatical]
todo el día, procurar, cita, despacho, ruinas, civilización antigua, indicar, probablemente, suponer

[Ejercicios]
dar a luz, todo lo posible, nublado, probar, collar de perlas, peligro, contagio de la gripe, delegación, sede, ONU(Organización de Naciones Unidas), acabar de+*inf*., el día siguiente, Máster, tener tiempo, personalmente, a lo mejor, obras completas, auditorio

[Lectura]
polo, rugby, igual que, época, amistoso, relación, compañía, aéreo, diariamente, un rato, explicar, quedarse, prometer, razón, personal, situación, no tener más remedio que, al lado de, lo antes posible

[Cultura]
medio geográfico, Península Ibérica, formar, situado, continente, frontera, Pirineos, estrecho, separar de, rodeado de, cantábrico, Océano Atlántico, mediterráneo, situarse, archipiélago, montañoso, pico, canario, habitante, aumento, inmigración, convertirse en, monarquía parlamentaria, dictadura, democrático, constitución, comunidad autónoma, gobierno, parlamento

Lección 3

[Diálogo]

escalera, taller, cultivar, hueso, estar de pie, suelo, nieto, gemelo, pasarlo fenomenal, apetecer, reñir, inteligente, todo el mundo

[Guía Práctica Gramatical]

pastel, en punto, prestar, el otro día, declaración, prensa, conclusión, discutir, cumbre, colina, entrevistar, ministro de hacienda, preocupado, recesión económica, informe, juventud, analizar, en detalle, psicológico, complicado, por completo, madrugar, estar de acuerdo

[Ejercicios]

maquillarse, animación, millonario, casa de alquiler, darse cuenta de, jardín de infancia, ambiente, navaja, enterarse de

[Lectura]

bachillerato, experiencia, realizar, actividad, voluntario, centroamericano, florecer, civilización, maya, conquista, ruina, conocido, tradición, Semana Santa, artesanía, indígena, producto, mostrar, hospedarse, guatemalteco, cultivo, maíz, cacao, aguacate, plátano, banana, chicle, cantidad, trabajador, aparecer, miembro, arreglar, brazo, escayolado, escalera, fracturarse, al frente, nieto, gemelo, fenomenal, apetecer, abuelo, enfadarse con, reñir

[Cultura]

quizá, encierro, mozo, atrevido, estrecho, casco, enamorado de, inmortalizar, titulado, recinto, ir a los toros, caseta, adornado, festividad, diverso, cartón, figura, falla, satírico, personaje, acto, purificación, dar paso a

Lección 4

[Diálogo]

agencia, vuelta, incluso, traje de baño, por lo menos, tomar el sol, ir de compras

[Guía Práctica Gramatical]

de segunda mano, calidad, delito, en serie, guerra civil, carné de conducir, azotea, gasolina, cartera, multa, aparcar, zona prohibida, últimamente, escapar, risa

[Ejercicios]

actualidad, correo electrónico, fregar, pendiente, fichar, cancelar, acordarse de, matrimonio, enciclopedia viviente, artículos de uso diario, estar despejado, tomar por..., buzón, sofocante

[Lectura]

despacho, disfrutar de, retiro, soñar con, en compañía de, esposa, atraer, permitir, descansar, clima, músico, polaco, a la vuelta de, naturalmente, tener interés por, saborear, mallorquín, frito, sobrasada, tomar el sol, bañarse, traje de baño, última moda, imagen, mediterráneo, la verdad es que, sueño, tela, perla

[Cultura]

acueducto, riqueza, pueblo, huella, numeroso, arquitectura, variado, grandioso, ingeniería, bloque, superpuesto, argamasa, arco, altura, mezquita, exponente, musulmán, basílica, posterior, ampliar, fortaleza, palacio, colina, interior, destacar, entre otros, estancia, extraordinario, belleza

Lección 5

[Diálogo]
estupendamente, cliente, jefe, bufete, proyecto, molestar, lugar público

[Guía Práctica Gramatical]
novela de ciencia-ficción, imprevisto

[Ejercicios]
con soltura, gerente, conflicto, estar enfadado con, inmediatamente, aprender de memoria, perezoso, confiar, princesa, suplicar, enfadarse con, claramente, prometedor

[Lectura]
divertirse, catedral, platillo típico, actualmente, bufete, conversar, preocupar, cualquier, aconsejar, cuidarse, tratar, importar, preocuparse por, recomendación, en este momento, acumular, lo más importante, hacerse, capaz, gracias a, alegrarse de, proponer, tapas, cercano

[Cultura]
catedral, estilo románico, la segunda mitad, tumba, apóstol, meta, peregrino, caer en, gótico, fachada, sobresalir, estilizado, aguja, contemplar, capilla, valor, sepulcro, vidriera, indescriptible, arquitecto, representante, modernismo, hacerse cargo de, templo, Sagrada Familia, imprimir, estética, en la actualidad, creativo, destacado

Lección 6

[Diálogo]
ir de viaje, venir bien, recorrer, sucursal, depender de, remedio, a tope, ejecutivo, negocio, falta, atraer

[Guía Práctica Gramatical]
oler, partido de fútbol, negar, lástima, mal, durar, árabe

[Ejercicios]
inauguración, tontería, honrado, delicado, ir de excursión, vecino, asiento libre, conocimiento, programación, tropical, harto, hacer caso de, informática, último modelo, sistema de navegación, documental, asunto, ponerse en contacto con, ser fuerte en, comodidad, criticar

[Lectura]
escuela primaria, niñez, es decir, infancia, casa matriz, global, financiero, comercial, andar ocupado, por eso, últimamente, ocurrírsele una idea, marido, imposible, debido a, sucursal, jefe, reunión, negocio, no quedar más remedio que, aprovechar, por su parte, lamentar, falta, obra, arquitecto, basílica, Patrimonio de la Humanidad, finalmente, venirle bien

[Cultura]
fundación, a continuación, naturalismo, barroco, corte, retrato, menino, infanta, muchacha, mitológico, excepcional, reflejar, crueldad, fusilamiento, majo, desnudo, sordo, terrible, dibujo, monstruo, fantasma

Lección 7

[Diálogo]
charlar, Unión Europea, por supuesto, de todas formas, por cierto, probablemente

[Guía Práctica Gramatical]
guardar cama, avisar, amabilidad, mueble, posibilidad, tener razón, hincha, independencia, libertad

[Ejercicios]
convencer, directamente, tener éxito, responsable, motivo, superventas, con toda confianza, hincha, independencia, libertad

[Lectura]
política, internacional, vario, investigación, esta vez, enviar, cambio, Unión Europea, ocasión, cotidiano, actual, economía, mientras tanto, información, estar interesado en, directamente

[Cultura]
genio, técnica, cubismo, amante, criticar, horror, exponer, personalidad, excéntrico, surrealismo, contener, escena, fantástico, persistencia, blando, retratar, fantasía, surrealista, a través de, composición, geométrico, brillante, carnaval, escultor, ceramista, mural

Lección 8

[Diálogo]
exactamente, carrera, destino

[Guía Práctica Gramatical]
despacio, al principio, peligro, alpinista

[Ejercicios]
hacer esfuerzos, gravemente, rueda de prensa, lo más pronto posible, teléfono móvil, cámara, para siempre, echar de menos, disculpar, pedir perdón, uniforme, exposición, individual

[Lectura]
madrileño, tranquilamente, tanto... como~, elegir, carrera, Derecho, diferente, tal vez, inocentemente, al final, juntos, comentar, quejarse, decidir, destino

[Cultura]
unidad, colonización, Nuevo Mundo, acontecimiento, publicación, conquista, descubrimiento, llamado, actualmente, Reyes Católicos, Reconquista, recuperar, territorio, ocupado, Estado, unitario, precisamente, apoyar, ruta, expedición, carabela, antillano, expansionista, imperio, iniciar

Lección 9

[Diálogo]
agradecer, voluntario, bachillerato, ceremonial, cariñoso, generoso

[Guía Práctica Gramatical]
en serio, beca, maravilloso, especializar, aplicado, lo antes posible, más que nunca, más que nadie, superior, menos mal

[Ejercicios]
a propósito, recuperarse, postal, poner en marcha, aburrirse, oposiciones, examen de ingreso, Europa del Norte, auto compacto, aprobar, caber, hacer todo lo posible

[Lectura]
desgraciadamente, pueblo natal, llevarse bien, la verdad, atender, comunidad indígena, construir, arqueológico, civilización, destacar, sobre todo, conocimiento, matemático, astronómico, elaborar, calendario, exactitud, ritual, solar, transmitir, a través de, escritura, jeroglífico, fresco, sorprender

[Cultura]
accidentado, soldado, batalla, herido, movilidad, militar, capturar, pirata, encarcelar, carrera, literario, novela pastoril, ingenioso, hidalgo, manchego, enloquecerse, caballería, aldea, caballero andante, en compañía de, escudero, dama, aventura, choque, lanzarse, molino de viento, obra cumbre, Biblia

Lección 10

[Diálogo]

de verdad, ahorro, por turnos, con antelación

[Guía Práctica Gramatical]

inconveniente, tontería, lotería, de ser verdad, cariño, bebé, ocurrir, imprevisto

[Ejercicios]

yate, magnífico, diplomático, industria, país del tercer mundo, aguantar, terremoto

[Lectura]

de nuevo, decidirse a, expresar, sentimiento, pedir matrimonio, aceptar, alegría, confesar, de todo corazón, noticia, darle pena, ponerse triste, profundamente, separación, en voz baja, maravilloso, alojarse, bienvenido, entusiasmado, arrepentirse de, estrella, brillante

[Cultura]

inestabilidad, golpe de estado, izquierda, elecciones, república, tendencia, republicano, Frente Popular, nuevamente, general, encabezar, nacionalista, sublevarse, pelear, anunciar, conflicto, poder, proclamar, transición, PSOE (Partido Socialista Obrero Español), vencedor, partido político, PP (Partido Popular), ambos, gobernar, periodo, recientemente, surgir, integrarse, ingresar, OTAN (Organización del Tratado del Atlántico Norte), CEE (Comunidad Económica Europea), llamar la atención de, celebración, Juegos Olímpicos, Exposición Universal

Lección 11

[Diálogo]

exagerado, brindis, brindar, retraso

[Guía Práctica Gramatical]

regañar, caer bien

[Ejercicios]

de antemano, atasco, salir bien, negocio, mutuamente

[Lectura]

organizar, por supuesto, ansiosamente, sin embargo, acostumbrado, rey, estar presente, inquieto, accidente, grave, mientras, brindar, justamente, peculiar, para siempre

[Cultura]

nación multilingüística, lengua oficial, castellano, gallego, catalán, vasco, románico, derivarse de, latín, al igual que, pronunciación, estructura, parecido, provenir de, visigodo, árabe, algodón, almohada, almacén, proceder de, boina, gorra, pizarra, llegada, enriquecerse, entrada, término, procedente de, prehispánico, arahuaco, canoa, iguana, huracán, náhuatl, quechua, papa, quena, ampliamente, inmigrante, hispanohablante

プラサ・マヨール II 改訂版
― レベルアップ・スペイン語 ―

検印省略	© 2005年4月1日	初版発行
	2016年1月30日	第6刷発行
	2019年1月30日	改訂初版発行

著者　　ピエダー・ガルシア　　青砥　清一
　　　　シルビア・ゴンサレス　　高野　雅司
　　　　パロマ・トレナド　　　　高松　英樹
　　　　グレゴリ・サンブラノ　　二宮　哲
　　　　　　　　　　　　　　　　松井　健吾
　　　　　　　　　　　　　　　　柳沼　孝一郎

発行者　　　　　　　　原　雅久
発行所　　　　　　株式会社 朝日出版社
　　　　101-0065　東京都千代田区西神田3-3-5
　　　　　　　　　電話　03-3239-0271/72
　　　　　　　　　振替口座　00140-2-46008
　　　　　　　　　http://www.asahipress.com/
　　　　　組版　クロス・コンサルティング/印刷　図書印刷

乱丁、落丁本はお取り替えいたします。
ISBN978-4-255-55107-4 C1087

朝日出版社 スペイン語一般書籍のご案内

GIDE（スペイン語教育研究会）語彙研究班 編

!スペ単! ―頻度で選んだスペイン語単語集（練習問題つき）―

◆様々なスペイン語の初級学習書を分析・解析。
◆学習者が最も必要とする語彙を抽出、文法項目と関連付けて提示。
◆各項目ごとに理解と運用を助ける練習問題を配備。
◆文法項目と語彙グループを結び付けて紹介。
◆豊富な練習問題と読み物資料ページでしっかり楽しく学べる。
◆多角的に語彙を覚えられる意味別・品詞別語彙リスト、単語の意味もついた詳細なさくいんつき。
◆初めてスペイン語を学ぶ人から、指導する立場の人まで幅広く活用できる一冊。

●A5判　●本編13章＋読み物資料＋巻末語彙集＋さくいん　●各項練習問題つき　●のべ5200語
●264p　●2色刷　本体価格2200円＋税　（000371）

小林一宏・Elena Gallego Andrada 著

スペイン語 文法と実践 ―ゆっくり進み、確かに身につく― Español con paso firme

◆日本人教員とネイティヴ教員の緊密な協力から生まれた自然な語法。　◆簡潔で適格な文法の解説。
◆予習と復習のための矢印（→）による関連個所の提示。
◆解説内容に沿った多くの例文とこれの理解を援ける註。
◆適宜、英語との比較による理解の深化。

●A5判　●33課　●320p　●2色刷　●CD付
本体価格2800円＋税　（000467）

福嶌教隆 著

スペイン語圏4億万人と話せる

くらべて学ぶスペイン語 改訂版 ―入門者から「再」入門者まで― DVD+CD付

◆スペインのスペイン語とラテンアメリカのスペイン語をくらべて、並行してどちらも学べます。
◆全くの初歩からスペイン語を学ぶ人（入門者）も、一通りの知識のある人（「再」入門者）も活用できるよう編集されています。
◆スペイン語圏各地のネイティヴの吹込者によるCDや、スペインの美しい映像をおさめたDVD（スペイン語ナレーション付）が添付されています。
◆スペイン語を話すどの場所に行っても、この1冊で充分話し切れること間違いなしです！

●A5判　●15課　●144p　●さし絵多数　●DVD+CD付　●2色刷
本体価格2400円＋税　（000552）

高橋覚二・伊藤ゆかり・古川亜矢 著

とことんドリル！ スペイン語 文法項目別

◆文法事項を確認しながら、一つずつ確実なステップアップ　　◆多様な話題のコラムも楽しい♪
◆全27章で、各章は3ページ【基礎】＋1ページ【レベルアップ】で構成　◆スペイン語のことわざをイラストで紹介
◆スペイン語技能検定試験4、5、6級の文法事項がチェックできる！
◆ふと頭に浮かぶような疑問も学習者の目線で丁寧に解説
◆復習問題でヒントを見ながら実力試せる

●B5判　●27章＋解答例・解説　●200p　●2色刷
本体価格2300円＋税　（000747）

西川 喬

ゆっくり学ぶスペイン語 CD付

◆本書はスペイン語を「ゆっくり学ぶ」ための本です。
◆初めて学ぶ人はもちろんのこと、基礎的な知識を整理したい人にも最適です。
◆各課文法別に段階的に進みます。やさしい文法要素から順を追って知識が増やせるように配置しています。
◆各課には「ちょっとレベルアップ」のページがあります。少し知識のある方は、ぜひこのページに挑戦してください。

◆各課の最後に練習問題があります。自分で解いて、巻末の解答で確かめましょう。
◆再挑戦の方向けに、31、32課で「冠詞」と「時制」を扱っています。ぜひ熟読してください。
◆それでは本書で、「ゆっくりと」スペイン語を楽しんで行きましょう。

●A5判　●32課　●264p　●さし絵多数　●2色刷　●CD付　本体価格2900円＋税　（001081）

（株）朝日出版社

〒101-0065　東京都千代田区西神田3-3-5
TEL:03-3263-3321　　FAX:03-5226-9599
http://www.asahipress.com/

Plaza Mayor

別冊「便利手帳」

Paloma TRENADO	Masashi TAKANO
Arturo Varón López	Hideki TAKAMATSU
Seiichi AOTO	Satoshi NINOMIYA
	Koichiro YAGINUMA

目 次

1. 生活一般 …………………………… 2
2. 旅行 ………………………………… 10
3. 時事・略語 ………………………… 12
4. コンピューター・サッカー ……… 18
5. 基本動詞活用集（時制別）………… 20
6. 基数・序数・月名・曜日 ………… 23
7. 旅行で使えるフレーズ集 ………… 24

* 1.～3. の語彙中に出現する，「ラ米」「英」の表記は，それぞれ「ラテンアメリカ」「英語」を意味し，それに続く語彙の，その地域・言語での言い方を示す。

Editorial Asahi

1. 生活一般

食べ物　Comidas

albóndiga　ミートボール
almuerzo　昼食
arroz　ライス，米
bocadillo（フランスパンにハム・サラミなどをはさんだスペインの）サンドイッチ
cena　夕食，ディナー
comida　食事，昼食
desayuno　朝食
ensalada　サラダ (ensalada de lechuga　レタスサラダ, ensalada de mariscos　魚介類のサラダ, ensalada de frutas　フルーツサラダ, ensalada de tomate　トマトサラダ, ensalada mixta　ミックスサラダ)
entremeses　前菜，オードブル
gazpacho　ガスパチョ：冷たい野菜スープ
gratén　グラタン (patatas al gratén　ポテトグラタン)
hamburguesa　ハンバーグステーキ，ハンバーガー
huevo　卵 (huevo duro　固ゆで卵, huevo frito　目玉焼き, huevos con jamón　ハムエッグ, huevo pasado por agua　半熟卵, huevos revueltos　スクランブルエッグ, huevo ranchero　〔メキシコ〕トルテーリャにチリトウガラシ，トマトなどをのせたいり卵)
jalea　ゼリー (jalea real　ロイヤルゼリー)
menú del día（メキシコ・comida corrida）定食
merienda　軽食，間食，おやつ
pan　パン (pan francés　フランスパン, pan inglés [de molde]　食パン, pan rallado　パン粉, pan tostado　トースト)
pastel　(小さな)ケーキ；パイ (pastel de queso　チーズケーキ, pastel de carne　ミートパイ)
patatas fritas　フライドポテト，ポテトチップス
postre　デザート (de postre　デザートに)
potaje　ポタージュ
salsa　ソース，ドレッシング (salsa blanca　ホワイトソース, salsa de mostaza　マスタードソース, salsa de soja [soya]　醤油, salsa de tomate　トマトソース, salsa mayonesa　マヨネーズソース, salsa picante [= salsa mexicana]　〔メキシコ／中米〕チリソース, salsa tártara　タルタルソース, salsa vinagreta　フレンチドレッシング, tabasco　タバスコ)
sandwich　サンドイッチ
sopa　スープ (consomé　コンソメ, crema de espárragos　アスパラガスのクリームスープ, sopa de ajo　ニンニクスープ, sopa de caldo de gallina　鶏のコンソメスープ, sopa de cebolla　オニオンスープ, sopa de crema　クリームスープ, sopa de fideos　ヌードルスープ, sopa de mariscos　魚介スープ, sopa de verduras　野菜スープ)
tacos　（メキシコ／中米）タコス：チーズ，鶏肉，豚肉などをトルティーリャにのせて巻いた食べ物
tarta（デコレーションのついた大きな）ケーキ (tarta de queso　チーズケーキ, tarta de Reyes　クリスマスケーキ, tarta helada　アイスケーキ, tarta nupcial　ウェディングケーキ)
torta（メキシコ）サンドイッチ
tortilla（メキシコ／中米）トルティーリャ：トウモロコシ粉または小麦粉を練り，薄く円形状にのばして焼いたもの
tortilla española（= tortilla de patatas）トルティーリャ・エスパニョーラ：スペイン風のジャガイモ入りオムレツ

香料・調味料　Especias / Condimentos

aceite　油 (aceite de girasol　ヒマワリ油, aceite de maíz　コーン油, aceite de oliva　オリーブ油)
ajo　ニンニク
albahaca　バジリコ
azafrán　サフラン

azúcar　砂糖
berro　クレソン
canela　シナモン
chile / ají　トウガラシ
crema / nata　生クリーム
jengibre　ショウガ
laurel　ローリエ，月桂樹の葉
manteca　油脂
mantequilla　バター
margarina　マーガリン
menta / hierba buena　ハッカ，ミント

mermelada　ジャム
miel　蜂蜜
mostaza　マスタード
orégano　オレガノ
perejil　パセリ
pimentón　パプリカ
pimienta　コショウ
romero　ローズマリー
sal　塩
tocino　豚の脂身
vinagre　酢

肉類　Carne

carnero　羊肉，マトン
cerdo　豚肉
chorizo　チョリソ（豚肉を香辛料で味付けした腸詰め）
cordero　子羊肉
jamón　ハム (jamón ahumado　薫製ハム，jamón serrano　生ハム)
pollo　若鶏，鶏肉 (pollo asado　ローストチキン)

salchicha　サルチチャ：細いソーセージ（総じての「ソーセージ」は embutido)
salchichón　サルチチョン：サラミソーセージ
ternera　子牛肉
tocino　ベーコン
vaca　牛肉 (bistec　ビーフステーキ，chuleta　骨付きあばら肉，hígado　レバー，lengua　タン，lomo　ロース，rosbif　ローストビーフ，solomillo　ヒレ)

魚介類　Pescados y Mariscos

almeja　アサリ
anchoa (= anchova)　アンチョビー
anguila　ウナギ
angula　シラスウナギ
atún　マグロ
bacalao　タラ
besugo　タイ
bonito　カツオ
boquerón　カタクチイワシ
caballa　サバ
calamar　イカ
camarón　小エビ
cangrejo　カニ
carpa　コイ
gamba　（小形の）エビ
jurel　アジ

langosta　イセエビ，ロブスター
langostino　クルマエビ
lenguado　シタビラメ
lubina　スズキ
mejillón　ムール貝
merluza　メルルーサ（タラの一種）
ostra　カキ
pez de colores (= pez dorado)　金魚
pez espada　カジキマグロ
pez volador　トビウオ
pulpo　タコ
rodaballo　カレイ
salmón　サケ
sardina　イワシ
trucha　マス
vieira　ホタテ貝

野菜・穀物　Verduras y Cereales

alcachofa　アーティチョーク
apio　セロリ
batata　(ラ米・camote)　サツマイモ

berenjena　ナス
brécol / brócoli　ブロッコリー
brotes de soja　モヤシ

calabacín　ズッキーニ
calabaza　カボチャ
cebada　大麦
cebolla　タマネギ
cebolleta　ネギ
champiñón　マッシュルーム
col / repollo　キャベツ
col china　白菜
coliflor　カリフラワー
espaguetis　スパゲッティ
espárrago　アスパラガス
espinaca　ホウレンソウ
garbanzo　ガルバンソ, ヒヨコマメ
haba　ソラマメ
harina　小麦粉
hongo / seta　キノコ
judía　インゲンマメ
lechuga　レタス

lenteja　レンズマメ
macarrones　マカロニ
maíz　トウモロコシ
maní / cacahuete　ピーナッツ
nabo　カブ
pasta　パスタ
patata（ラ米・papa）ジャガイモ
batata　サツマイモ
pepino　キュウリ
pimiento　ピーマン
puerro　ポロネギ, 長ネギ
quínoa / quinua　キノア：アンデス山脈原産のヒエの一種で食用
rábano　赤カブ
soja / soya　大豆
tomate　トマト
trigo　小麦
zanahoria　ニンジン

果物・果実　Frutas y Frutos

aguacate　アボカド
albaricoque（メキシコ・chabacano）アンズ, アプリコット
almendra　アーモンド
ananá(s) / piña　パイナップル
bellota　ドングリ
caqui　カキ
castaña　クリ
cereza　サクランボ
ciruela　プラム, スモモ；ウメの実
ciruelo　ウメの木
coco　ココナッツ
fresa　イチゴ
granada　ザクロ
guayaba　グアバ
higo　イチジク

lima　ライム
limón　レモン
mandarina　ミカン
mango　マンゴー
manzana　リンゴ
melocotón / durazno　モモ
melón　メロン
naranja　オレンジ
nuez　クルミ
oliva / aceituna　オリーブ
papaya　パパイヤ
pera　ナシ
plátano（ラ米・banana）バナナ
pomelo　グレープフルーツ
sandía　スイカ
uva　ブドウ (pasa　干しブドウ)

飲み物　Bebidas

agua　水
agua mineral　ミネラルウォーター
aguardiente　蒸留酒
brandy　ブランデー
café　コーヒー (café americano　アメリカン, café capuchino　カプチーノ, café con leche　カフェオレ, café cortado　ミルクを少量入れたコーヒー, café descafeinado　カフェイン抜きコーヒー, café exprés　エスプレッソ, café instantáneo　インスタントコーヒー, café solo〔ラ米・café negro〕ブラックコーヒー, café turco　トルココーヒー, café vienés　ウィンナーコーヒー)

caña　（細長いグラスの）ビール
cerveza　ビール (cerveza de barril　生ビール，cerveza negra　黒ビール)
chocolate　ココア (chocolate con leche　ミルクココア)
cóctel (= coctel)　カクテル
cola　コーラ
coñac　コニャック
cortado (= café cortado)
gaseosa　炭酸水
gin (= ginebra)　ジン (gin limón　ジンフィズ，gin tonic　ジントニック)
ginger-ale　ジンジャエール
horchata　オルチャータ：カヤツリグサから作る清涼飲料水
jerez　シェリー（酒）：スペインの Jerez de la Frontera 産の白ワイン
leche　牛乳，ミルク (leche caliente　ホットミルク，leche condensada　コンデンスミルク，leche de cabra　山羊の乳，leche en polvo　粉ミルク)
licor　リキュール
limonada　レモネード
manzanilla　マンサニージャ，カミツレ茶
margarita　マルガリータ
refresco　冷たい飲料，清涼飲料水，炭酸飲料
ron　ラム
pisco　ピスコ：ペルーの Pisco 産のブドウから作られる蒸留酒

sangría　サングリア
sidra　リンゴ酒
soda　ソーダ水
té　茶，紅茶 (= té negro) (té con leche　ミルクティー，té con limón　レモンティー，té de coca　コカ茶：アンデス産のコカの葉で作る，té en bolsitas　ティーバッグ，té oolong　ウーロン茶，té verde　緑茶，mate　マテ茶 [= té de Paraguay, té de los jesuitas])
tequila　テキーラ：竜舌蘭から作るメキシコ産の蒸留酒
vino blanco　白ワイン
vino tinto　赤ワイン
vino rosado　ロゼワイン
vino seco　辛口ワイン
vino dulce　甘口ワイン
vino de mesa　テーブルワイン
vino de la casa　ハウスワイン
vodka　ウォッカ
whisky　ウイスキー (whisky con hielo　オンザロック，whisky escocés　スコッチウイスキー，Bourbon whisky　バーボンウイスキー)
zumo　ジュース (= jugo) (zumo de frutas　フルーツジュース，zumo de limón　レモンジュース，zumo de naranja　オレンジジュース，zumo de tomate　トマトジュース)

衣類・服飾　Ropas y Trajes

abrigo　コート (abrigo de piel　毛皮のコート)
anillo　指輪
blusa　ブラウス
boina　ベレー帽
bolso　ハンドバッグ
botas　ブーツ (botines　ショートブーツ)
bragas　パンティー
broche　ブローチ
bufanda　マフラー
calcetín　ソックス，靴下
calzoncillos (= calzones)　パンツ，トランクス
camisa　シャツ，ワイシャツ

camiseta　Tシャツ
cazadora (= chamarra)　ジャンパー
chaleco　チョッキ
chaqueta　上着，ジャケット
chaqueta de punto　カーディガン
cinturón　ベルト
collar　ネックレス
corbata　ネクタイ
falda　スカート
gorra　（野球帽などひさし付きの）帽子
gorro　縁なし帽
guantes　手袋
impermeable　レインコート
jersey（ラ米・suéter）　セーター

medias ストッキング
minifalda ミニスカート
manoplas （親指だけ分かれている）手袋
pantalones ズボン，スラックス (pantalones cortos 半ズボン, pantalones vaqueros [tejanos] / vaqueros / jeans ジーンズ)
pañuelo ハンカチ，スカーフ
pijama (= piyama) パジャマ
polo ポロシャツ
reloj de pulsera 腕時計
ropa interior 下着
sandalias サンダル
sombrero 帽子 (sombrero de Panamá パナマ帽, sombrero de paja 麦わら帽子, sombrero flexible ソフト帽)
sujetador (= sostén, brassier) ブラジャー
traje 服，スーツ (traje de baño 水着, traje de etiqueta [ceremonia] 礼服, traje de noche [gala] イブニングドレス, traje largo ロングドレス)
vestido ドレス
zapatillas de deporte （メキシコ・tenis）スニーカー
zapatos 靴 (zapatos de tacón alto ハイヒール)

店のいろいろ　Tiendas

bodega (= licorería) 酒店
cafetería 喫茶店
carnicería 精肉店
confitería 菓子店
droguería 雑貨店；（南米）薬局
estanco (= tabaquería) タバコ店
farmacia 薬局
ferretería 金物店
floristería (= florería) 生花店
frutería 果物店
heladería アイスクリーム店
Internet-café インターネットカフェ
joyería 宝石店
lavandería (= tintorería) クリーニング店
librería 書店
mercado マーケット，市場
panadería パン店
papelería 文房具店
pastelería ケーキ店
peluquería 理髪店
perfumería 化粧品店
pescadería 鮮魚店
quiosco キオスク
relojería 時計店
salón de belleza 美容院
salón de té ティールーム
sastrería テーラー
supermercado スーパーマーケット
tienda de discos レコード店
tienda de electrodomésticos 家電器店
tienda de modas (= boutique) ブティック
tienda de vídeos ビデオレンタル店
verdulcría 青果店
zapatería 靴店

交通機関　Medios de transportes

aerobús エアバス
ambulancia 救急車
autobús バス
autocar 観光バス
avión 飛行機 (avion de hélice プロペラ機, avión de reacción [= jet] ジェット機)
avioneta 軽飛行機
barco 船 (barco de recreo 遊覧船)
buque 大型船
camión トラック
camión cisterna タンクローリー
camioneta ライトバン
coche 自動車 (= automóvil)
coche de bomberos 消防車
coche patrulla パトロールカー
furgoneta familiar ステーションワゴン
jeep ジープ
helicóptero ヘリコプター
hidroavión 水上飛行機

hidroplano (= hidróptero)　水中翼船
jumbo　ジャンボジェット
metro　地下鉄 (metropolitanoの省略形，アルゼンチンでは subte [subterráneo] の省略形)
microbús　マイクロバス

planeador　グライダー
taxi　タクシー
tranvía　路面電車
tren　列車，電車 (→「駅」参照)
trolebús　トロリーバス

樹木・花　Árboles y Flores
bambú　タケ
cedro　スギ
cerezo　サクラ
clavel　カーネーション
crisantemo　キク

dalia　ダリア
jardín botánico　植物園
orquídea　ラン
pino　マツ
rosa　バラ

動物・鳥類・爬虫類　Animales, Aves y Reptiles
águila　ワシ
búho　フクロウ
burro　ロバ
caballo　ウマ
cabra　ヤギ
cebra　シマウマ
cerdo　ブタ
chimpancé　チンパンジー
ciervo　シカ
cocodrilo　ワニ
cóndor　コンドル
cuervo　カラス
elefante　ゾウ
gallina　雌鶏
gallo　雄鶏
golondrina　ツバメ
gorila　ゴリラ
gorrión　スズメ

hipopótamo　カバ
jaguar　ジャガー
jirafa　キリン
león　ライオン
leopardo (= pantera)　ヒョウ
paloma　ハト
mono　サル
orangután　オランウータン
oso　クマ
toro　雄ウシ
pingüino　ペンギン
rana　カエル
serpiente　ヘビ
tiburón　サメ
tortuga　カメ
vaca　雌ウシ
zoo (= parque zoológico)　動物園
zorro　キツネ

住居・キッチン　Vivienda y Cocinas
abrelatas　缶切り
abridor (= abrebotellas, destapador)　栓抜き
almohada　枕
balcón　バルコニー
baño (= cuarto de baño)　バスルーム
bol　(料理に使う)ボール
cama　ベッド
champú　シャンプー

cojín　クッション
colchón　マットレス，敷き布団
cortina　カーテン
cuchara　スプーン
cuchillo　包丁，ナイフ
dormitorio (ラ米・recámara)　寝室
ducha　シャワー
entrada　玄関
estéreo (= esterefonía)　ステレオ

frigorífico (= refrigerador, nevera)　冷蔵庫
garaje　ガレージ
horno　オーブン
jabón　石鹸
jardín　庭
lavadora　洗濯機
mesa　テーブル
microondas (= horno microondas)　電子レンジ
olla　鍋 (olla a presión [= olla exprés]　圧力鍋)
ordenador（ラ米・computadora）　コンピューター（→「コンピューター」参照）
palillo　爪楊枝
palillos　箸
pared　壁
patio　中庭
persiana　ブラインド

porche　ポーチ
puerta　ドア
sábana　シーツ
sacacorchos　（ワインの）コルク抜き
servicios（ラ米・baño）　トイレ
silla　椅子 (sillón　肘掛け椅子)
sofá　ソファ
sonido　オーディオ (disco compacto [CD]　コンパクトディスク，CD)
tejado　屋根
televisión (= televisor)　テレビ
tenedor　フォーク
terraza　テラス
toalla　タオル
tostador　トースター
ventana　窓 (ventanal　大窓)
vídeo　ビデオ（デッキ）

色　Colores

amarillo　黄 (amarillo dorado　山吹色)
azul　青 (azul celeste　空色，スカイブルー，azul cobalto　コバルトブルー，azul marino　紺，ネイビーブルー，azul turquí　藍色)
beige　ベージュ
bermellón　朱，バーミリオン
blanco　白
color rosa　ピンク色
escarlata　緋色，スカーレット
granate　ざくろ色，えんじ色 (granate corinto　ワインレッド)
granza　茜色

gris　灰色，グレー
marrón　栗色，茶色
morado　紫（色）
naranja　オレンジ色
negro　黒
pardo　褐色
rojo　赤
rosa　バラ色 (rosa claro　桜色，ピンク)
verde　緑 (verde celedón　青磁色，verde (de) musgo　モスグリーン，verde esmeralda　エメラルドグリーン，verde oliva　オリーブグリーン)
violeta　すみれ色 (= violado)

人体・疾患　Cuerpo humano y Enfermedades

alergia　アレルギー
alzheimer　アルツハイマー病
apendicitis　虫垂炎
arteriosclerosis　動脈硬化
artritis　関節炎
astigmatismo　乱視
ataque　発作 (ataque cardíaco [de corazón]　心臓発作)
boca　口

brazo　腕
cabeza　頭
calentura　熱
cáncer　癌
cara　顔
ceja　眉
cólera　コレラ
corazón　心臓 (enfermedad del corazón [= enfermedad cardíaca]　心臓病)

cuello 首
diabetes 糖尿病
dolor 痛み (dolor de cabeza 頭痛, dolor de espalda 腰痛, dolor de estómago 胃痛, dolor de muelas 歯痛, dolor de tripas [vientre] 腹痛, dolor latente [sordo] 鈍痛, dolores de parto 陣痛, dolores musculares 筋肉痛)
enfermedad 病気, 疾患 (enfermedad contagiosa 伝染病, enfermedad de Parkinson パーキンソン病, enfermedad infantil 小児病, enfermedad mental [nerviosa] 精神障害, 精神病, enfermedad profesional 職業病)
epidemia 流行病
epilepsia てんかん
epistaxis 鼻出血
estómago 胃
fiebre 熱, 熱病 (fiebre amarilla 黄熱病)
fractura 骨折 (fractura complicada 複雑骨折, fractura craneal [del cráneo] 頭蓋骨骨折)
frente 額
gastritis 胃炎
gripe / influenza インフルエンザ, 流行性感冒
hepatitis 肝炎
hernia ヘルニア
hígado 肝臓 (mal de hígado [= enfermedad hepática] 肝臓病)
hipermetropía 遠視
hipertensión 高血圧症
hipotensión 低血圧
hombro 肩
impotencia 勃起不全
indigestión 消化不良
insolación 日射病

insomnio 不眠症
intestino 腸 (intestino ciego 盲腸)
inyección 注射
mandíbula 顎
mareo めまい
mejilla 頬
miopía 近視
muñeca 手首
nariz 鼻
ojo 目
operación 手術
oreja 耳
órgano 臓器
orzuelo ものもらい
páncreas 膵(すい)臓
pecho 胸
pie 足 (足首から下)
pierna 脚
pirosis 胸焼け
polinosis 花粉症
pólipo ポリープ
presbicia 老眼
pulmonía 肺炎
resfriado 風邪
reumatismo リューマチ
riñón 腎臓
supuración 化膿
tensión 血圧
tifoidea 腸チフス
tifus チフス
tobillo くるぶし, 足首
tos 咳
tuberculosis 結核
úlcera 潰瘍 (úlcera de estómago 胃潰瘍, úlcera duodenal 十二指腸潰瘍)
vacunación ワクチン注射, 種痘
vaso sanguíneo 血管 (arteria 動脈, vena 静脈)

親族関係　Parentesco
abuela 祖母
abuelo 祖父
bisabuela 曾祖母
bisabuelo 曾祖父
bisnieto 曾孫

cabeza de familia 家長, 世帯主
comadre (実母と代母が互いに呼び合う呼称, その間柄は compadrazgo)
compadre (実父と代父が互いに呼び合う呼称, その間柄は compadrazgo)

cónyuge 配偶者
cuñada 義姉妹
cuñado 義兄弟
gemelo 双生児
hermana 姉妹
hermanastra 異父［異母］姉妹
hermanastro 異父［異母］兄弟
hermandad 兄弟姉妹関係
hermano 兄弟
hija 娘 (la hija mayor　長女，la hija menor　末娘，hija política　義理の娘 [= nuera])
hijo 息子 (hijo adoptivo　養子，hijo político　義理の息子，娘婿 [= yerno]，el hijo mayor　長男，el hijo menor　末っ子)
madrastra 継母
madre 母 (madre adoptiva　養母)
madrina 代母

marido / esposo 夫
matrimonio 婚姻，夫婦
media naranja 伴侶
mujer / esposa 妻
nieto / a 孫
niño / a 男の子／女の子
padrastro 継父
padre 父 (padre adoptivo　養父)
padre de familia 家父
padres 両親
padrino 代父
prima 従姉妹
primo 従兄弟
sobrina 姪
sobrino 甥
suegra (= madre política)　姑
suegro (= padre político)　舅
tía 叔母
tío 叔父

２．旅行

飛行機　Avión

altura 高度
asiento 座席
aterrizaje 着陸
auriculares イヤホン
avión de reacción ジェット機
azafata (ラ米・aeromoza)　客室乗務員
billete de avión　航空券 (billete de ida　片道切符，billete de ida y vuelta　往復切符，billete abierto　オープン・チケット)
botón de la llamada　呼び出しボタン
cabina de pilotaje　コックピット
capitán 機長
chaleco salvavidas　救命胴衣
cinturón de seguridad　安全ベルト
clase económica　エコノミークラス

despegue 離陸 (despegar 離陸する)
diferencia de horas 時差
equipaje de mano 手荷物
estante de equipaje 荷物棚
jumbo ジャンボジェット
lámpara 読書灯
línea aérea 航空路線
manta 毛布
número del vuelo フライトナンバー
pasaje 航空券
pasajero／a 乗客
primera clase ファーストクラス
servicios en vuelo 機内サービス
sobrecargo パーサー
tarjeta de embarque 搭乗券
tripulante 乗員

空港　Aeropuerto

aduana 税関
artículo libre de impuestos　免税品
baúl トランク (bolsa de viaje　旅行用手提げかばん，maleta　スーツケース，maletín　小型スーツケース，mochila　リュックサック)
cambio 両替，為替
cancelación キャンセル

carrito カート
casa de cambio 両替店
con destino a... …行きの
consigna 手荷物預かり所
consigna automática コインロッカー
control de inmigración 入国管理
control de pasaportes 入国審査
cheques de viaje トラベラーズチェック
declaración de aduana 税関申告書
equipaje 荷物 (exceso de equipaje 超過手荷物)
escala 途中着陸 (hacer escala en ... …に着陸する)
exceso de peso 超過重量
inspección sanitaria 検疫
mostrador カウンター (mostrador de Iberia イベリア航空のカウンター)
oficina de objetos perdidos 遺失物取扱所
pasaporte パスポート (certificado internacional de vacunación 国際予防接種証明書, イエローカード)
pista de aterrizaje 滑走路
procedente de ... …発の
puerta de embarque 搭乗ゲート
recogida de equipaje 荷物引き取り所
reserva 予約
resguardo 手荷物引換証
retraso (フライトの) 遅れ (= demora)
seguro de accidentes de viaje 旅行傷害保険
tarjeta de identidad 身分証明書
terminal (aérea) エアーターミナル
tienda libre de impuestos 免税店
trámites de entrada 入国手続き
tránsito トランジット
vestíbulo de salida 出発ロビー
visado (ラ米・visa) ビザ, 査証
vuelo directo (= vuelo sin escala) 直行便

宿泊 Alojamiento

albergue juvenil ユースホステル
caja fuerte セーフティーボックス
camarero/a ボーイ／メイド
con ducha シャワー付き
folleto turístico 観光パンフレット
fonda (= hostal, posada) 宿屋
gerente 支配人
guardarropa クローク
habitación 部屋 (habitación compartida 相部屋, habitación de matrimonio ダブルルーム, habitación doble ツインルーム, habitación individual [sencilla] シングルルーム)
maletero ポーター
objeto de valor 貴重品
parador パラドール, 国営観光ホテル
pensión (= casa de huéspedes) 下宿屋
plano 市街地図
portero ドアマン
propina チップ
recepción 受付, フロント
registro チェックイン
reservar 予約する (= hacer la reserva de…)
salida de habitación チェックアウト
suite スイートルーム
una noche 一泊
vestíbulo ロビー

駅 Estación

andén プラットホーム
AVE アベ, スペインの新幹線 (Alta Velocidad Española)
coche 車両 (coche cama 寝台車, coche comedor 食堂車 [= coche restaurante])
compartimento コンパートメント
consigna 手荷物預かり所
horario 時刻表
mozo de estación ポーター, 赤帽
RENFE レンフェ, スペイン国有鉄道 (Red Nacional de Ferrocarriles Españoles)
sala de espera 待合室
tren bala (新幹線などの) 超高速列車
tren rápido [expreso] 急行列車

港　Puerto／船舶　Barco

aerodeslizador　ホバークラフト
anclaje　投錨，停泊
balanceo　横揺れ，ローリング
barco de pasajeros　客船
boya　ブイ
cabeceo　縦揺れ，ピッチング
calma　凪 (= bonanza)
camarote　船室
capitán　船長
crucero　クルーザー，巡航客船
dique　ドック
embarcadero　埠頭，桟橋

faro　灯台
ferry　フェリー (= transbordador)
guardacostas　沿岸警備艇
marinero　船員 (= marino)
milla marina　海里
nudo　ノット
pesquero　漁船
petrolero　石油タンカー
piloto　水先案内人
vapor　汽船
velero　帆船
yate　ヨット

電話　Teléfono

cabina telefónica　電話ボックス
extensión　内線
guía telefónica (ラ米・directorio)　電話帳
llamada internacional　国際通話
llamada interurbana　市外通話
llamada urbana　市内通話
mensaje／recado　伝言

prefijo　市外局番
prefijo de país　国番号
ranura　カード差込口，硬貨投入口
receptor telefónico / auricular　受話器
tarjeta de teléfono　テレホンカード
teléfono celular [móvil]　携帯電話
teléfono público　公衆電話

3. 時事・略語

経済　Economía

acción　株式，株券
accionista　株主
acreedor　債権者
anualidad / pensión　年金
auge　好況，ブーム
balanza comercial　貿易収支
beneficio / ganancias　収益
bienes de consumo　消費財
boicot / boicoteo　ボイコット，不買同盟
bolsa　株式取引所，証券市場 (bolsa negra　闇市場)
bono　債券 (bono público　公債)
capital　資本
cártel　カルテル，企業連合
control de calidad　品質管理
cotización　建値，見積もり
crecimiento económico　経済成長
crédito　クレジット (crédito a corto [largo] plazo　短期〔長期〕貸付)

crisis económica　経済危機
crisis monetaria　金融恐慌
deflación　デフレーション
déficit comercial　貿易赤字
demanda　需要
depresión económica　経済不況
descuento　割引
deuda externa　対外債務
devaluación　平価切り下げ
dinero efectivo　現金
divisas　外貨
dumping　ダンピング，不当廉売
economía capitalista　資本主義経済
economía liberal　自由主義経済
economía socialista　社会主義経済
empresa transnacional [multinacional]　多国籍企業
estabilidad económica　経済安定
estancamiento económico　経済停滞

financiamiento 資金調達，融資
fondo 資金 (fondo de operaciones 運転資金)
gastos 経費 (gastos corrientes 経常経費，gastos diversos 雑費，gastos generales 諸経費，gastos de mantenimiento 維持費)
giro 為替，為替手形 (giro postal 郵便為替)
holding 持ち株会社
impuesto sobre el consumo 消費税
impuesto sobre el valor añadido (= IVA) 付加価値税
impuesto sobre la renta 所得税
impuesto progresivo 累進課税
industrialización 工業化
inflación インフレーション
infraestructura インフラストラクチャー，基礎的経済基盤
ingresos 収入，所得
innovación イノベーション，革新
interés 利息，金利 (tipo de interés 利率)
inversión en maquinaria y equipos 設備投資
inversión pública 公共投資
inversionista 投資家
mano de obra 労働力
manufactura 家内制手工業
materia prima 原材料
mecanización 機械化
moneda 貨幣 (moneda metálica 硬貨，moneda nacional 自国通貨)
moratoria モラトリアム，支払い猶予期間
oferta 供給，オファー

operación bursátil 株式取引
país avanzado 先進国
país en vías de desarrollo 開発途上国
país industrializado 工業国
país subdesarrollado 低開発国
poder adquisitivo (de compra) 購買力
precio oficial 公定価格
préstamo 貸付（金）(préstamo incobrable 不良債権)
privatización 民営化
productividad 生産性，生産力
productos 産品，商品 (productos acabados 完成品，productos alimenticios 食品，productos en bruto 未加工品，productos manufacturados 工業製品，productos semimanufacturados 半製品)
producto interior bruto (PIB) 国内総生産 (英 GDP)
producto nacional bruto (PNB) 国民総生産 (英 GNP)
recursos propios 自己資本［資金］
redistribución del ingreso 所得再配分
rentabilidad 収益性
sanción económica 経済制裁
sector privado 民間部門
sector público 公共部門
Sociedad Anónima 株式会社 (略 S.A.)
superávit comercial 貿易黒字
superproducción 過剰生産
sustitución de importación 輸入代替
tasa de cambio 為替レート
trabajo compartido ワークシェアリング
trust トラスト，企業合同

商業　Comercio

anticipo / adelanto 前払い金
balance 貸借対照表
cambio exterior 外国為替
carta de crédito 信用状 (英 L/C, letter of credit)
certificado de origen 原産地証明書
cheque 小切手
comercialización 商品化；市場調査
comercio exterior [internacional] 外国［国際］貿易
comisión 手数料，コミッション
compañía 会社 (= Cia., Co.)
competencia 競争
competidor 競争相手
compra 買い付け，購入
comprobante 領収証
consumidor 消費者
contador público 公認会計士

contrato de compraventa 売買契約
corredor ブローカー
cotización / estimación 見積もり
c.s.f. (costo, seguro y flete) 運賃保険料込値段 (英 C.I.F.)
cuenta 勘定（書）
déficit 欠損, 赤字
derechos arancelarios 関税
endoso 裏書き
existencias 在庫品
exportación 輸出
exportador 輸出業者
f.a.b. (franco a bordo) 本船渡し (英 F.O.B.)
fabricante メーカー, 製造業者
factura 送り状, インボイス
importación 輸入
importador 輸入業者
importe / monto 金額
indemnización 補償, 賠償
índice de precios 物価指数
letra de cambio 為替手形
letra protestada [rechazada, no atendida] 不渡手形
libro de contabilidad 会計帳簿
maquiladora 関税免除輸出加工制度
marca registrada 登録商標
margen 利ざや, マージン

mayorista 卸売業者
mensualidad 月賦金
mercado 市場 (mercado común 共同市場, mercado nacional [interior] 国内市場, mercado negro 闇市場)
mercadotecnia (= mercadeo) 市場調査
monopolio 独占, 専売
pagaré 約束手形
pago 支払い (pago al contado 現金払い, pago inicial 頭金)
P.D. 追伸 (= posdata)
póliza de seguro 保険証券
precio 価格, 値段 (precio de mercado 市場価格, precio fijo 定価, precio neto 正味価格)
reembolso 払い戻し, 返金
subida / aumento [alza] de precios 価格高騰
suma 合計（金額）
superávit 黒字, 剰余金
vencimiento 支払い期限
vendedor 販売人, セールスマン
venta 販売 (venta al por mayor 卸売り, venta al por menor 小売り, venta bajo coste 出血廉売)
zona de libre cambio (ラ米・zona de libre comercio) 自由貿易地域
zona franca 免税区域

労働　Trabajo

accidente de trabajo 労働災害
agencia de colocaciones 職業斡旋所
aprendiz 徒弟, 見習い
artesano 職人
asalariado サラリーマン
ascenso 昇格
capataz 職長, 現場監督
clase obrera 労働者階級
colocación 就職, 就業
condiciones de trabajo 労働条件
conflictos laborales 労働争議
contrato de trabajo 労働契約
dependiente 店員
desempleado / a 失業者
desempleo 失業 (=desocupación) (nivel [tasa] de desempleo 失業率)
despido 解雇 (despido colectivo 大量解雇)
empleado 従業員, 社員, 被雇用者
empleador 雇用者
empleo 雇用
empresario 事業者
especialista 専門家
formación profesional 職業訓練
horas de trabajo 労働時間
horas extras [extraordinarias] 超過勤務時間, 残業時間
huelga ストライキ (huelga de brazos caídos [cruzados] 座り込みスト, huelga de celo 順法闘争, huelga

de hambre　ハンガー・ストライキ，huelga de transportes　交通スト，huelga espontánea [salvaje]　山猫スト，huelga general　ゼネスト，huelga patronal　ロックアウト)
huelguista　ストライキ参加者
jornada　1日の労働 (jornada de ocho horas　1日8時間労働，trabajo de media jornada　パートタイムの仕事，trabajo de jornada entera [completa]　フルタイムの仕事)
jornal　日給
jubilación / retiro　定年
manifestación　示威運動，デモ
Ministerio de Trabajo　労働省
negociación　交渉 (negociaciones colectivas　団体交渉)
obrero / trabajador　労働者
oficial　職員，役人
oficinista　事務員
parado / a　失業者
paro　失業；(ラ米)ストライキ (paro encubierto　潜在失業，paro forzoso　一時解雇，レイオフ)
pensión de vejez　老齢年金
personal　人員，人事 (departamento de personal　人事部，gastos de personal　人件費)
pleno empleo　完全雇用
proletariado　プロレタリア，労働者階級
rompehuelgas／esquirol　スト破り
sabotaje　サボタージュ，怠業
salario　賃金 (salario mensual　月給，salario mínimo　最低賃金，salario neto　正味給料，salario por hora　時間給，salario semanal　週給)
sindicato　労働組合
subsidio de paro／seguro de desempleo　失業保険
sueldo　給与，サラリー (aumento de sueldo　昇給，sueldo base　基本給)
trabajo estacional　季節労働
trabajo por horas　パートタイム
vacaciones pagadas [retribuidas]　有給休暇
vacante　欠員

政治　Política

absolutismo　絶対主義
abstención　(選挙の)棄権
acuerdo　協定
administración　行政
agregado comercial　商務担当官
agregado cultural　文化担当官
agregado militar　駐在武官
alcalde　市長，町(村)長
anarquismo　無政府主義，アナーキズム
anarquista　無政府主義者，アナーキスト
armisticio　停戦
autonomía　自治
autoritarismo　専制主義
ayuntamiento　市役所，役場
beligerancia　交戦状態
Cámara alta　上院
Cámara baja　下院
Cámara de Senadores　参議院，上院
campaña electoral　選挙戦
candidato / a　立候補者
capitalismo　資本主義
caudillo　カウディーリョ，(軍事的集団の)首領，総統
centralización　中央集権
comunismo　共産主義
conducto diplomático　外交ルート
confederación　連邦(化)
Congreso　(メキシコの)国会
Congreso de Diputados / Cámara de Diputados　衆議院，下院
conservadurismo　保守主義
cónsul　領事
consulado　領事館
convenio　協約
convocar　(議会を)召集する
Cortes (=Cortes Españolas)　(スペインの)国会
cuerpo diplomático　外交団
democracia　民主主義
derecho de voto　選挙[投票]権

descentralización 地方分権
destierro 国外追放
destitución 罷免, 免職
dictador 独裁者
dictadura / autocracia 独裁制 [政治]
Dieta （日本などの）国会, 議会
dimisión del Gobierno 内閣総辞職
diplomacia 外交
diplomático 外交官
diputado 下院 [衆議院] 議員
disolución （議会）解散
elecciones generales 総選挙
embajada 大使館
embajador 大使
Estado 国, 国家；州
estado de excepción 非常事態
estado de sitio 戒厳状態
exilio 国外追放, 亡命
extraterritorialidad 治外法権
fascismo ファシズム
gabinete 内閣
gobernador 知事
gobierno 政府, 統治 (gobierno absoluto 絶対政治, 専制支配, gobierno federal 連邦政府, gobierno interino 暫定内閣, gobierno provisional 臨時政府)
golpe de Estado クーデター
hombre de Estado / estadista / político 政治家
imperialismo 帝国主義
imperio 帝政, 帝国
jefe del Estado 国家元首
justicia 司法
legación 公使館
legado / ministro 公使
legislación 立法
levantamiento / insurrección 蜂起, 決起
liberalismo 自由主義
marxismo マルクス主義
mayoría absoluta 絶対多数
militarismo 軍国主義
moción de censura contra el gobierno 内閣不信任案
monarca 君主
monarquía 君主制 [国] (monarquía constitucional 立憲君主制, monarquía parlamentaria 議会君主制)
motín 暴動
municipio 市町村
nacionalismo 民族主義, ナショナリズム
nazismo ナチズム
neutralidad 中立
papeleta de votación 投票用紙
parlamentario / diputado （スペインの）国会議員
parlamentarismo 議会主義
parlamento （英, 仏, 独, 伊国などの）国会, 議会
paz 平和, 講和条約 (paz perpetua 恒久平和)
presidente 大統領
presidente del Gobierno / primer ministro 首相
príncipe 王子
privilegio diplomático 外交特権
razón de Estado 国是
reajuste ministerial 内閣改造
rebelión / revuelta 反乱
referéndum レファレンダム, 国民投票
regente 摂政
régimen 体制, 政体 (antiguo régimen 旧体制, régimen parlamentario 議会制)
reina 女王, 王妃
república 共和制 [国]
revolución 革命
rey 国王
rotura de relaciones diplomáticas 国交断絶
senador 上院 [参議院] 議員
separación de la religión y la política [la Iglesia y el Estado] 政教分離
separación de poderes 三権分立 (poder ejecutivo 行政権, poder judicial 司法権, poder legislativo 立法権)
sistema bicameral 二院制
socialismo 社会主義
tratado 条約 (tratado de amistad y comercio 修好通商条約, tratado de paz 平和条約, 講和条約)

votación 投票 (votación a mano alzada 挙手採決, votación nominal 記名投票, votación secreta 無記名投票)
votante 投票者
voto 決議，票 (voto de confianza 信任決議, voto de no confianza 不信任決議, voto en blanco 白票, voto nulo 無効票, voto de calidad 決定票，キャスティングボート)

社会・環境　Sociedad / Medio ambiente

accidente nuclear 原発事故
ácido desoxirribonucleico (ADN) デオキシリボ核酸 (DNA)
acosador ストーカー
acoso sexual セクシャルハラスメント
agujero de ozono オゾンホール
anciano / na 高齢者
asistencia 援助；救済，看護 (asistencia médica [sanitaria] 治療，医療, asistencia pública domiciliaria〔スペインの〕在宅介護, asistencia social 社会福祉)
bienestar 福祉 (bienestar social 社会福祉, Estado de bienestar 福祉国家)
calentamiento global 地球温暖化
capa de ozono オゾン層
contaminación 汚染 (contaminación ambiental 環境汚染，公害, contaminación atmosférica 大気汚染, contaminación radiactiva 放射能汚染)
delincuencia juvenil 少年犯罪
derechos humanos 人権
desastre [catástrofe] natural 自然災害 (alud de fango y piedras 土石流, caída de rayo 落雷, derrumbamiento de tierras 地滑り，土砂崩れ, El Niño エル・ニーニョ現象〔ペルー沖の海水温が異常に上昇する気象現象。低くなる現象は La Niña〕, erupción volcánica 火山噴火, huracán ハリケーン, inundación 洪水，浸水, lluvia torrencial 豪雨, ráfaga de viento 突風, terremoto 地震, tifón 台風, tornado トルネード, tromba de agua 集中豪雨, trueno 雷)
desertización 砂漠化
deshechos industriales 産業廃棄物
deshechos [desperdicios] radiactivos 放射性廃棄物
destrucción medioambiental 環境破壊
dioxina ダイオキシン
Dirección General del Medio Ambiente （スペインの）環境庁
discriminación racial 人種差別
discriminación sexual 性差別
ecología エコロジー，自然環境
ecologista エコロジスト (organización ecologista 環境保護団体)
energía solar 太陽エネルギー
envejecimiento demográfico [de la población] 高齢化
evaluación de impacto ambiental 環境アセスメント
freón フロンガス
gen 遺伝子 (= gene) (ingeniería genética 遺伝子工学, alimento transgénico [trasgénico] 遺伝子組み替え食品)
genoma humano ヒトゲノム
globalización グローバリゼーション，
higiene 衛生（学），保健 (higiene ambiental 環境衛生, higiene pública 公衆衛生, higiene mental 精神衛生, higiene de los alimentos 食品衛生)
lluvia ácida 酸性雨
patrimonio de la humanidad （ユネスコの）世界遺産
protección medioambiental 環境保護
rayos infrarrojos 赤外線
rayos ultravioletas / ultravioleta 紫外線
reciclaje リサイクル (papel reciclado 再生紙)
recursos naturales 天然資源
seguro 保険 (seguro contra accidentes 災害〔傷害〕保険, seguro de desempleo 失業保険, seguro de salud 健康保険, seguro de vida 生命保険，

seguro social　社会保険)
servicio　奉仕；勤務；サービス；公益事業 (servicio incluido　サービス料込み, servicio militar　兵役, servicio postventa　アフター・サービス, servicio público　公共サービス, servicios a domicilio　宅配サービス, servicios sociales　社会福祉〔事業〕)
sin barrera　バリアフリーの
smog fotoquímico　光化学スモッグ
sociedad　社会；団体；会社 (alta sociedad　上流社会, sociedad con alto envejecimiento de la población　高齢化社会, sociedad conyugal　婚姻関係,〔民法上の〕夫婦, sociedad cooperativa　協同組合, sociedad de consumo　消費社会, sociedad de elite [élite]　エリート社会, sociedad de socorros mutuos　共済組合, sociedad deportiva　スポーツクラブ, sociedad moderna　現代社会, sociedad protectora de animales　動物愛護協会)
urbanización　都市化；新興住宅地, ニュータウン (obras de urbanización de la ciudad　都市開発事業)
violencia doméstica　ドメスティック・バイオレンス (DV) (= violencia de género)

略語　Abreviaturas

AIEA (Agencia Internacional de Energía Atómica)　国際原子力機関（IAEA）
AOD (Asistencia Oficial para el Desarrollo)　政府開発援助（ODA）
COI (Comité Olímpico Internacional)　国際オリンピック委員会（IOC）
EEB (Encefalopatía Espongiforme Bovina)　牛海綿状脳症（BSE）
　　　(= enfermedad [mal] de las vacas locas)
FMI（Fondo Monetario Internacional）　国際通貨基金（IMF）
OCED (Organización de Cooperación Económica y Desarrollo)
　　　　　　　　　　　　　　　　　　経済協力開発機構（OECD）
ONU (Organización de las Naciones Unidas)　国際連合
OPEP (Organización de Países Exportadores de Petróleo)　石油輸出国機構（OPEC）
OTAN (Organización del Tratado del Atlántico del Norte)　北大西洋条約機構（NATO）
SIDA (Síndrome de Inmunodeficiencia Adquirida)　後天性免疫不全症候群（AIDS）
UE (Unión Europea)　欧州連合（EU）
UNESCO (Organización de las Naciones Unidas para la Educación,
　　　　　　　　　　　Ciencia y Cultura)　国連教育科学文化機関, ユネスコ
UNICEF (Fondo de las Naciones Unidas para la Infancia)　国際児童基金, ユニセフ

4. コンピューター・サッカー

コンピューター　**Ordenador (** ラ米・**Computadora)**

actualizar　アップデートする
archivo / fichero　ファイル
arroba　アットマーク (@)
bajar / descargar　ダウンロードする
banda ancha　ブロードバンド
barra de desplazamiento　スクロールバー
barra de herramientas　ツールバー
base de datos　データベース
borrar　クリア
búsqueda　検索
caja de herramientas　ツールボックス
cámara digital　デジタルカメラ
cancelar　(強制)終了する, キャンセルする
carpeta　フォルダ
clave / contraseña　パスワード
click / clic　クリック
congelar　フリーズする
copia de seguridad　バックアップ

correo electrónico　電子メール
cortar y pegar　カット＆ペースト
cuadro　フレーム
cualidad / propiedad　プロパティ
cursor　カーソル
desplazar　スクロールする
dirección　アドレス
disco duro　ハードディスク
disquete　フロッピーディスク
enlace　リンク
entrada　入力
escáner　スキャナー
fibra óptica　光ファイバー
icono　アイコン
instalación　インストール
inicializar　初期化する
línea digital asimétrica de abonado　ADSL
marcador　ブックマーク
página web　ホームページ
proveedor　プロバイダー
ratón　マウス
reiniciar　リセットする，再起動する
retroceso　バックスペース
teclado　キーボード
unidad　ドライブ

サッカー　Fútbol

alineación inicial　先発出場選手
área de penalti　ペナルティーエリア
asistencia　アシスト
ataque　攻撃
balón　ボール
barrera　壁
cabezazo　ヘディング
campo / cancha　グランド
capitán　キャプテン
casa　ホーム（グランド）
centrocampista　ミッドフィルダー
círculo central　センターサークル
defensa　ディフェンダー
delantero　フォワード
derrota　敗北
descanso　ハーフタイム
despejar　クリアする
disparar / chutar　シュートを放つ
empate　引き分け
entrenador/a　監督
espectador/a　観衆
estadio　スタジアム
expulsión　退場
extremo　ウイング
falta　ファウル
F.I.F.A. = Federación Internacional de Asociaciones de Fútbol　国際サッカー連盟
finta　フェイント
fuera de juego　オフサイド
gol　ゴール，得点
gol en propia meta / autogol　オウンゴール
hincha　ファン，サポーター
juez　審判
lateral　サイドバック
mano　ハンド
pase　パス
portería　ゴールマウス
portero / guardameta　ゴールキーパー
poste　ゴールポスト
prórroga　延長戦
quiniela　サッカーくじ
rematador　ストライカー
remate / chut　シュート
saque de esquina　コーナーキック
saque de meta　ゴールキック
saque inicial　キックオフ
saque lateral　スローイン
selección　代表
tiempo añadido　ロスタイム
tiro　シュート，キック
tiro directo　直接フリーキック
tarjeta amarilla　イエローカード
tarjeta roja　レッドカード
victoria　勝利
visita　アウェイ

5. 基本動詞活用集 (時制別)

〈直説法現在〉
- ser : soy, eres, es, somos, sois, son
- estar : estoy, estás, está, estamos, estáis, están

|規則動詞|

- hablar : hablo, hablas, habla, hablamos, habláis, hablan
- comer : como, comes, come, comemos, coméis, comen
- vivir : vivo, vives, vive, vivimos, vivís, viven

|語根母音変化動詞|

a) e → ie
pensar : pienso, piensas, piensa, pensamos, pensáis, piensan
  同じ活用パターンを持つ動詞： cerrar, comenzar, empezar, entender, perder, preferir, querer, recomendar, sentar, sentir

b) o → ue
contar : cuento, cuentas, cuenta, contamos, contáis, cuentan
  同じ活用パターンを持つ動詞： almorzar, costar, devolver, dormir, encontrar, morir, mover, poder, recordar, volver, soler

c) u → ue
jugar : juego, juegas, juega, jugamos, jugáis, juegan

d) e → i
pedir : pido, pides, pide, pedimos, pedís, piden

|一人称単数形が不規則な動詞|

- dar   : doy, das, da, damos, dais, dan
- ver   : veo, ves, ve, vemos, veis, ven
- saber   : sé, sabes, sabe, sabemos, sabéis, saben
- conocer : conozco, conoces, conoce, conocemos, conocéis, conocen
- hacer   : hago, haces, hace, hacemos, hacéis, hacen
- poner   : pongo, pones, pone, ponemos, ponéis, ponen
- caer   : caigo, caes, cae, caemos, caéis, caen
- traer   : traigo, traes, trae, traemos, traéis, traen
- salir   : salgo, sales, sale, salimos, salís, salen
- caber   : quepo, cabes, cabe, cabemos, cabéis, caben

|その他の不規則動詞|

- tener : tengo, tienes, tiene, tenemos, tenéis, tienen
- venir : vengo, vienes, viene, venimos, venís, vienen
- decir : digo, dices, dice, decimos, decís, dicen
- oír   : oigo, oyes, oye, oímos, oís, oyen
- ir   : voy, vas, va, vamos, vais, van

〈直説法点過去〉

規則動詞

　　hablar : hablé, hablaste, habló, hablamos, hablasteis, hablaron
　　comer : comí, comiste, comió, comimos, comisteis, comieron
　　vivir　: viví, viviste, vivió, vivimos, vivisteis, vivieron

不規則動詞 (-e, -iste, -o ; -imos, -isteis, -ieron が共通する)

　　estar　 : estuve, estuviste, estuvo, estuvimos, estuvisteis, estuvieron
　　tener　 : tuve, tuviste, tuvo, tuvimos, tuvisteis, tuvieron
　　venir　 : vine, viniste, vino, vinimos, vinisteis, vinieron
　　andar　 : anduve, anduviste, anduvo, anduvimos, anduvisteis, anduvieron
　　poder　 : pude, pudiste, pudo, pudimos, pudisteis, pudieron
　　poner　 : puse, pusiste, puso, pusimos, pusisteis, pusieron
　　saber　 : supe, supiste, supo, supimos, supisteis, supieron
　　hacer　 : hice, hiciste, hizo, hicimos, hicisteis, hicieron
　　querer : quise, quisiste, quiso, quisimos, quisisteis, quisieron

不規則動詞 (-e, -iste, -o ; -imos, -isteis, -eron が共通する)

　　decir　　 : dije dijiste dijo dijimos dijisteis dijeron
　　traer　　 : traje trajiste trajo trajimos trajisteis trajeron
　　conducir : conduje, condujiste, condujo, condujimos, condujisteis, condujeron

その他の不規則動詞

　　dar　　: di, diste, dio, dimos, disteis, dieron
　　ser/ir : fui, fuiste, fue, fuimos, fuisteis, fueron

〈直説法線過去〉

規則動詞

　　hablar : hablaba, hablabas, hablaba, hablábamos, hablabais, hablaban
　　comer : comía, comías, comía, comíamos, comíais, comían
　　vivir　: vivía, vivías, vivía, vivíamos, vivíais, vivían

不規則動詞 (3動詞のみ)

　　ser : era, eras, era , éramos, erais, eran
　　ir　: iba, ibas, iba, íbamos, ibais, iban
　　ver : veía, veías, veía, veíamos, veíais , veían

〈直説法未来〉　（不定詞の語尾 + -é, -ás, -á, -emos, -éis, -án）

規則動詞

　　hablar : hablaré, hablarás, hablará, hablaremos, hablaréis, hablarán
　　comer : comeré, comerás, comerá, comeremos, comeréis, comerán
　　vivir　: viviré, vivirás, vivirá, viviremos, viviréis, vivirán

> 不定詞の語尾 (-er) の母音 (-e-) が脱落する動詞

    poder : podré, podrás, podrá, podremos, podréis, podrán
        同じ活用パターンを持つ動詞：saber, querer, haber

> 不定詞の語尾 (-er, -ir) の母音 (-e-, -i-) が -d- に変わる動詞

    poner : pondré, pondrás, pondrá, pondremos, pondréis, pondrán
        同じ活用パターンを持つ動詞：salir, tener, venir

> その他の不規則動詞

    hacer : haré, harás, hará, haremos, haréis, harán
    decir : diré, dirás, dirá, diremos, diréis, dirán

〈直説法過去未来〉　（不定詞 + -ía, -ías, -ía, -íamos, -íais, -ían）

> 規則動詞

hablar : hablaría, hablarías, hablaría, hablaríamos, hablaríais, hablarían
comer : comería, comerías, comería, comeríamos, comeríais, comerían
vivir : viviría, vivirías, viviría, viviríamos, viviríais, vivirían

> 不定詞の語尾 (-er) の母音 (-e-) が脱落する動詞

    poder : podría, podrías, podría, podríamos, podríais, podrían
        同じ活用パターンを持つ動詞：saber, querer, haber

> 不定詞の語尾 (-er, -ir) の母音 (-e-, -i-) が -d- に変わる動詞

    poner : pondría, pondrías, pondría, pondríamos, pondríais, pondrían
        同じ活用パターンを持つ動詞：salir, tener, venir

> その他の不規則動詞

    hacer : haría, harías, haría, haríamos, haríais, harían
    decir : diría, dirías, diría, diríamos, diríais, dirían

〈接続法現在〉

> 規則動詞

    hablar : hable, hables, hable, hablemos, habléis, hablen
    comer : coma, comas, coma, comamos, comáis, coman
    escribir : escriba, escribas, escriba, escribamos, escribáis, escriban

> 不規則動詞（直説法現在１人称単数形を基につくられる動詞）

    hacer : haga, hagas, haga, hagamos, hagáis, hagan
        同じ活用パターンを持つ動詞：conocer, ver, poner, tener, venir, decir, oír

|その他の不規則動詞|

```
ir    : vaya, vayas, vaya, vayamos, vayáis, vayan
saber : sepa, sepas, sepa, sepamos, sepáis, sepan
ser   : sea, seas, sea, seamos, seáis, sean
estar : esté, estés, esté, estemos, estéis, estén
dar   : dé, des, dé, demos, deis, den
haber : haya, hayas, haya, hayamos, hayáis, hayan
```

〈接続法過去〉

```
hablar : hablara, hablaras, hablara, habláramos, hablarais, hablaran
         hablase, hablases, hablase, hablásemos, hablaseis, hablasen
comer  : comiera, comieras, comiera, comiéramos, comierais, comieran
         comiese, comieses, comiese, comiésemos, comieseis, comiesen
vivir  : viviera, vivieras, viviera, viviéramos, vivierais, vivieran
         viviese, vivieses, viviese, viviésemos, vivieseis, viviesen
ser/ir : fuera, fueras, fuera, fuéramos, fuerais, fueran
         fuese, fueses, fuese, fuésemos, fueseis, fuesen
tener  : tuviera, tuvieras, tuviera, tuviéramos, tuvierais, tuvieran
         tuviese, tuvieses, tuviese, tuviésemos, tuvieseis, tuviesen
```

6. 基数・序数・月名・曜日

基数

0 cero	1 uno	2 dos	3 tres
4 cuatro	5 cinco	6 seis	7 siete
8 ocho	9 nueve	10 diez	

序数

1 primero	2 segundo	3 tercero	4 cuarto
5 quinto	6 sexto	7 séptimo	8 octavo
9 noveno	10 décimo		

月名

1月 enero	2月 febrero	3月 marzo	4月 abril
5月 mayo	6月 junio	7月 julio	8月 agosto
9月 septiembre	10月 octubre	11月 noviembre	12月 diciembre

曜日

月 lunes	火 martes	水 miércoles	木 jueves
金 viernes	土 sábado	日 domingo	

7. 旅行で使えるフレーズ集

■ 空港で
イベリア航空のカウンターはどこですか？
　　　¿Dónde está el mostrador de Iberia?
マドリード行き（の座席）を予約したいのですが．
　　　Quisiera reservar un asiento para Madrid. (= Quisiera un billete para Madrid.)
２日の便の空席はありますか？
　　　¿Hay asientos libres para el día dos? (= ¿Tienen billetes para el vuelo del día dos?)
飛行機のリコンファームをしたいのですが．
　　　Quisiera reconfirmar mi vuelo.
搭乗時間は何時ですか？
　　　¿Cuál es la hora de embarque?
この飛行便は何時に出発（到着）しますか？
　　　¿A qué hora sale (llega) este vuelo?
イベリア航空バルセロナ行きの搭乗ゲートはどこですか？
　　　¿Dónde está la puerta de embarque del vuelo de Iberia para Barcelona?
IB074便の搭乗ゲートはどこですか？
　　　¿Cuál es la puerta de embarque del vuelo IB074?
手荷物一時預り所はどこですか？
　　　¿Dónde está consigna?
この荷物を預かっていただきたいのですが．
　　　Quisiera dejar este equipaje, por favor.

■ 機内で
（搭乗券を見せて）私の座席はどこでしょうか？
　　　¿Dónde está mi asiento?
荷物はここに置いていいですか？
　　　¿Puedo poner el equipaje aquí?
（後ろの座席の人に）シートを倒してもいいですか？
　　　¿Puedo reclinar el asiento?
窓側（通路側）の座席に替えていただけませんか？
　　　¿Podría darme un asiento al lado de la ventana (al lado del pasillo)?
日本語の新聞はありますか？　　　¿Tiene algún periódico japonés?
すみませんが，毛布をください．　Déme una manta, por favor.
枕と毛布をください．　　　　　　Una almohada y una manta, por favor.
お水を一杯いただけますか？　　　¿Podría darme un vaso de agua?
気分が悪いので，すみませんが何か薬をください．
　　　Me siento mal. Déme algunas pastillas, por favor.
嘔吐袋を持ってきていただけますか？
　　　¿Podría traerme una bolsa para el mareo?
入国カードの書き方（記入方法）を教えてくださいませんか？
　　　¿Podría explicarme cómo llenar la tarjeta de desembarque?
免税品の機内販売はありますか？　¿Venden artículos libres de impuestos?
日本円で支払えますか？　　　　　¿Puedo pagar en yenes japoneses?

クレジットカードで払えますか？	¿Puedo pagar con tarjeta de crédito?
この飛行機（便）はパリに立ち寄るのですか？	¿Hace escala este avión (vuelo) en París?
この空港にはどのくらい停まるのですか？	¿Cuánto tiempo dura la escala?

▲ **機内の掲示ランプなど**

（トイレなどが）空き　**LIBRE**　　使用中　**OCUPADO**
禁煙　**PROHIBIDO FUMAR. (= SE PROHIBE FUMAR.)**
シートベルトをご着用下さい．　**ABRÓCHENSE EL CINTURÓN DE SEGURIDAD.**
（アナウンスで）お席にお戻りください．　**Vuelva a su asiento, por favor.**

■ **入国**

パスポートを見せてください．	Su pasaporte, por favor.
－はい，どうぞ．	Aquí tiene. (Aquí está mi pasaporte.)
あなたの国籍は？	¿Qué nacionalidad tiene usted?
－日本国籍です．	Tengo nacionalidad japonesa.
旅行の目的は何ですか？	¿Cuál es el objeto (motivo) de su viaje?
－観光（商用）です．	Por turismo (negocios).
－留学です．	Para estudiar español.
－トランジットです．	Soy un pasajero en tránsito.
2週間の滞在予定です．	Voy a quedarme dos semanas.
ホテル・プラサに宿泊する予定です．	**Voy a quedarme (alojarme) en el Hotel Plaza.**
このスーツケースを開けてください．これは何ですか？	**Abra esta maleta. ¿Qué es esto?**
－私の身の回り品です．	Son mis efectos personales.
－友人への土産品です．	Son regalos para mis amigos.
－日本酒（ウイスキー）です．	Es aguardiente japonés (whisky).
申告するものはありますか？	¿Tiene algo que declarar?
－申告するものはありません．	No tengo nada que declarar.
荷物はどこで受け取れますか？	¿Dónde se puede recoger el equipaje?
私の荷物が見あたりません．	No encuentro mi equipaje.
これが手荷物引換証です．	Esto es el resguardo de la facturación de mi equipaje.
紛失証明書を発行していただけますか？	¿Podría darme el comprobante de extravío?

■ **両替**

この辺に銀行（両替所）はありますか？
　　¿Hay un banco (una casa de cambio) por aquí?
銀行は何時に開き（閉まり）ますか？
　　¿A qué hora abren (cierran) los bancos?
トラベラーズ・チェックを両替していただきたいのですが．
　　Quisiera cambiar este cheque de viajero (viaje).
レートはいくらですか？
　　¿A cómo está el cambio?
この紙幣をくずしていただけますか？
　　¿Puede (Podría) cambiarme este billete en monedas?

トラベラーズ・チェックは使えますか？
　¿Aceptan cheques de viajero (viaje)?
手数料はいくらですか？　¿Cuánto es la comisión?
(ここにサインしてください．　Firme aquí. (Su firma, por favor.)

■ 空港から市内へ
カートはどこにありますか？　¿Dónde están los carritos?
観光案内所（リムジンバス乗り場，タクシー乗り場，地下鉄の駅）はどこにありますか？
　¿Dónde está la oficina de turismo (la parada de limusina, la parada de taxis, la estación de metro)?
市街地図（観光ガイド）はありますか？
　¿Tiene un plano de la ciudad (una guía turística)?
市内へ行くバスはありますか？
　¿Hay autobús para ir al centro?
いいホテルを紹介していただけませんか？
　¿Podría recomendarme algún hotel bueno?
ホテル（レンタカー）の予約をしていただけませんか？
　¿Podría reservarme un hotel (un coche de alquiler)?
三ツ星のホテルをお願いします．
　Un hotel de tres estrellas, por favor.

■ タクシー・バス・地下鉄・列車で
この住所（ホテル）まで行ってください．
　A esta dirección (A este hotel), por favor.
市内（ダウンタウン）までタクシー代はいくらですか？
　¿Cuánto es (cuesta) el taxi hasta el centro?
プラド美術館まで時間はどれくらいかかりますか？
　¿Cuánto tiempo se tarda hasta el Museo del Prado?
市内を一周してください．　Una vuelta por la ciudad, por favor.
ここで停まってください．　Pare aquí, por favor.
バス停（バスターミナル）はどこですか？
　¿Dónde está la parada de autobús (la terminal de autobús)?
切符売り場はどこですか？　¿Dónde está la ventanilla?
このバス（電車，地下鉄）はどこへ行くのですか？
　¿A dónde va este autobús (tren, metro)?
このバスは何時に発車（到着）しますか？
　¿A qué hora sale (llega) este autobús?
切符（地下鉄の回数券）はどこで買えますか？
　¿Dónde se puede comprar el billete (un bono-metro)?
　　　　　metrobús: マドリード市内観光用のバスにも使える10回分の回数券
アルカラ・デ・エナーレスまで1枚いくらですか？
　¿Cuánto cuesta un billete para Alcalá de Henares?
この地下鉄はアトーチャ駅に行きますか？
　¿Va este metro a Atocha?

スペイン広場に行くにはどこで降りればいいですか？
¿Dónde tengo que bajar para ir a la Plaza de España?
中央広場への出口はどちらですか？
¿Cuál es la salida a la Plaza Mayor?
ユーレイルパスは使えますか？
¿Se puede usar el Eurorail Pass?
1等の切符を2枚お願いします．
Dos billetes de primera clase, por favor.
バルセロナまでの往復を1枚お願いします．
Un billete de ida y vuelta a Barcelona, por favor.
セビーリャまでAVE（新幹線）1枚お願いします．
Un billete de AVE para Sevilla, por favor.
セビーリャ行きのAVEは何番ホームから発車しますか？
¿De qué andén sale el AVE para Sevilla?
　　　AVE：　　Alta Velocidad Española（略）（スペインの）新幹線
　　　TALGO：　Tren Articulado Ligero Goicoechea Oriol（略）高速列車の車種名（技師ゴイコエチェアと資本家オリオルによって共同開発された）
バレンシアへの接続はありますか？
¿Hay enlace para Valencia?
この切符で途中下車できますか？
¿Se puede hacer escalas con este billete?
ここに座ってもいいですか？　　**¿Puedo sentarme aquí?**
窓を開けてもいいですか？　　　**¿Puedo abrir la ventana?**
タバコを吸ってもいいですか？　**¿Puedo fumar?**
食堂車はありますか？　　　　　**¿Hay coche restaurante?**
トレドまであとどのくらいで着きますか？
¿Cuánto falta para llegar a Toledo?

■ ホテルで

空室はありますか？
¿Hay una habitación libre?
予約してあります．　**Tengo una reserva.**
（予約してありません　**No tengo reserva.**）
バス付きのシングル（ダブル，ツイン）をお願いします．
Una habitación individual (de matrimonio, de dos camas) con baño, por favor.
エアコン付きシングルは一泊いくらですか？
¿Cuánto cuesta (vale) una habitación sencilla con aire acondicionado por noche?
静かな部屋をお願いしたいのですが．
Quisiera una habitación tranquila.
眺めのいい（バルコニー付きの）部屋をお願いします．
Una habitación con buena vista (con balcón), por favor.
何泊しますか？　**¿Cuántas noches se quedará (va a quedarse)?**
－3泊します．　**Tres noches, por favor. Me quedaré (Voy a quedarme) tres noches.**
朝食付きですか？　**¿Está incluido el desayuno?**
朝食は何時ですか？　**¿A qué hora es el desayuno?**

食堂は何階ですか？　¿En qué piso está el comedor?
税金とサービス料は込みですか？
　　　　¿Están incluidos los impuestos y el servicio?
プール（エステティックサロン）はいくらで利用できますか？
　　　　¿Cuánto cuesta entrar en la piscina (el salón de estética)?
予約金（前金）は払ってあります．　　Ya he pagado la reserva (el anticipo).
クレジットカードで支払いたいのですが．　Quisiera pagar con tarjeta de crédito.
クレジットカードで支払えますか？　　¿Se puede pagar con tarjeta de crédito?
トラベラーズ・チェックは使えますか？　¿Aceptan cheques de viajero?
貴重品を貸金庫（セキュリティー・ボックス）に預けたいのですが．
　　　　Quisiera dejar los artículos de valor en la caja de seguridad.
明朝6時にモーニングコールをお願いします．
　　　　Llámeme mañana por la mañana a las seis, por favor.
　　　(= ¿Podría llamarme mañana por la mañana a las seis?)
チェックアウトは何時ですか？
　　　　¿A qué hora hay que dejar la habitación?
　　　(= ¿A qué hora es la salida?)
荷物を3時まで預かっていただけますか？
　　　　¿Podría guardarme el equipaje hasta las tres?
お湯が出ません．　No sale agua caliente.
エアコン（ヒーター）の調子が良くないのですが．
　　　　El aire condicionado (La calefacción) no funciona bien.
トイレの水が流れないのですが．　　No corre el agua del servicio.
トイレがつまってしまいました．　　Se ha atascado el servicio.
部屋を替えていただけますか？　　　¿Podría cambiarme de habitación?
部屋に鍵を忘れてしまいました．　　He olvidado la llave en la habitación.
私宛に何か伝言がありますか？　　　¿Hay algún recado (=mensaje) para mí?
ホセさんに伝言をお願いしたいのですが．
　　　　Quisiera dejar un recado para Don José.
日本にメールしたいのですが　　Quisiera enviar un correo electrónico a mi casa.

■ 食事（レストランなどで）
どこかいいレストランはありますか？　　¿Hay algún restaurante bueno por aquí?
スペインの名物料理を食べたいのですが．　Quisiera comer algo típico de España.
ここの名物料理が食べられる一番いいレストランを教えていただけますか？
　　　　¿Podría recomendarme un buen restaurante de cocina típica?
予約していただけますか？　¿Podría hacer una reserva?
今夜9時，4人でお願いします．
　　　　A las nueve de la noche, para cuatro personas, por favor.
禁煙席（テラス席）をお願いします．
　　　　Una mesa para no fumadores (Una mesa en la terraza), por favor.
メニューをお願いします．　　La carta, por favor.
ハウスワインはありますか？　¿Tienen vino de la casa?
お薦めは何ですか？　¿Qué plato me recomienda?

ここのお薦めメニューは何ですか？	¿Cuál es la especialidad de la casa?
定食をお願いします．	El menú del día, por favor.
ミディアム（レア，ウェルダム）に焼いてください．	Medio (Poco, Bien) hecho, por favor.
とてもおいしいです．	Está muy bueno.
火が通っていません．	Está crudo.
これは注文していません．	No he pedido esto.
乾杯！	¡Salud!
お勘定をお願いします．	La cuenta, por favor.
各自で払いたいのですが．	Quisiéramos pagar por separado.
サービス料は込みですか？	¿Está incluido el servicio?
合計の金額が違うようですが．	¿Está bien la suma total?
領収書をいただけますか？	¿Podría darme el recibo, por favor?

■ 道をたずねる

観光案内所はどこですか？	¿Dónde está la oficina de turismo?
プラド美術館へはどう行けばいいですか？	¿Cómo se va al Museo del Prado?
道に迷ってしまいました．	Me he perdido.
近道はどれですか？	¿Cuál es el camino más corto?
ここから遠い（近い）ですか？	¿Está lejos (cerca) de aquí?
タクシーでどのくらいかかりますか？	¿Cuánto tiempo se tarda en taxi?
歩いて行けますか？	¿Se puede ir andando?

■ 観光

市街地図はありますか？	¿Tienen un plano de la ciudad?
無料ですか？	¿Es gratis?
観光ツアーはありますか？	¿Hay alguna visita turística?
日本語を話せるガイドさんはいますか？	¿Tienen un guía que hable japonés?
ホテルまで迎えに来てくれますか？	¿Podría recogerme en el hotel?
国立劇場では何をやっていますか？	¿Qué ponen en el Teatro Nacional?
フラメンコ（闘牛，サッカーの試合）を見たいのですが．	Quisiera ver (un espectáculo de) flamenco (una corrida de toros, un partido de fútbol).
フラメンコが見られるところを教えていただけますか？	¿Podría recomendarme algún tablao?
前売り券はありますか？	¿Hay entradas de venta anticipada?
当日券はありますか？	¿Tienen entradas para hoy?
今夜のチケットはまだありますか？	¿Todavía quedan entradas para esta noche?
この近くにディスコ（ゴルフ場）はありますか？	¿Hay alguna discoteca (algún campo de golf) cerca de aquí?
割引はありますか？	¿Tienen algún descuento? (= ¿Hacen descuento?)
案内書は販売していますか？	¿Se venden guías?
日本語版はありますか？	¿Tienen versión en japonés?

■ ショッピング
この近くにショッピングセンター（デパート）はありますか？
　　　　¿Hay algún centro comercial (grandes almacenes) por aquí?
電池はありますか？　　　　　　　¿Tienen pilas?
この地方の特産品は何ですか？　　¿Cuáles son los artículos típicos de esta región?
化粧品はどこにありますか？　　　¿Dónde se venden cosméticos?
ハンドバッグを買いたいのですが．Quisiera comprar un bolso.
もっと安い（サイズの小さい）のはありませんか？
　　　　¿No tienen otro más barato (pequeño)?
他の色のものはありませんか？　　¿No tienen de otros colores?
試着してもいいですか？　　　　　¿Puedo probármelo?
わたしには合いません．　　　　　No me queda bien.
これにします．　　　　　　　　　Me quedo con esto.
別々に包んでいただけますか？　　¿Podría envolvérmelos aparte?
航空便（船便）で送っていただけますか？
　　　　¿Podría enviármelo por avión (barco)?
レジはどこですか？　　　　　　　¿Dónde está la caja?
円（クレジットカード）で支払えますか？
　　　　¿Puedo pagar en yenes (con tarjeta de crédito)?
これを取り替えたい（返品したい）のですが．Quisiera cambiar (devolver) esto.

■ 電話・ファックス・Eメールなど
（電話をかけるとき）もしもし．　¡Oiga!（メキシコ・¡Bueno!，南米・¡Aló!）
（電話で答えるとき）もしもし．　¡Dígame!
こちらは田中です．　　　　　　　Habla Tanaka.
アビラさんのお宅ですか？　　　　¿Es la casa del Sr. Ávila?
アビラさんをお願いします．　　　El señor Ávila, por favor.
どちら様ですか？　　　　　　　　¿De parte de quién?
すみません，間違えました．　　　Perdone, me he equivocado.
よく聞こえません．　　　　　　　No le oigo bien.
もっとゆっくり（大きな声で）話してください．
　　　　Más despacio (alto), por favor.
このあたりに公衆電話はありますか？
　　　　¿Hay algún teléfono público por aquí?
日本へコレクトコールをお願いしたいのですが．
　　　　Quisiera poner una conferencia a cobro revertido a Japón.
ファックスを送りたいのですが．　Quisiera enviar un fax.
Eメールを送りたいのですが．　　 Quisiera enviar un mensaje por correo electrónico.
電話番号は何番ですか？　　　　　¿Cuál es su número de teléfono?

■ 郵便局で
郵便局はどこですか？　　　　　　¿Dónde está (la oficina de) Correos?
この辺に郵便ポストはありますか？¿Hay algún buzón por aquí?
この小包を航空便で日本に送りたいのですが．
　　　　Quisiera enviar este paquete a Japón por avión.

切手はどこで売っていますか？	¿Dónde venden sellos? (ラ米・**estampilla, timbre**)
速達でお願いします．	Por correo urgente, por favor. (ラ米・**expreso**)
航空便（船便）でお願いします．	Por avión (barco), por favor.
船便では日本までいくらですか？	¿Cuánto cuesta por barco a Japón?

■ 病院で

気分がよくありません．	Me siento mal.
頭（胃）が痛いです．	Tengo dolor de cabeza (estómago).
体がだるいです．	Me encuentro débil.
熱があります．	Tengo fiebre.
寒気がします．	Tengo escalofrío.
下痢をしています．	Tengo diarrea.
怪我をしました．	Tengo una herida.
風邪をひきました．	He cogido un resfriado.
救急車を呼んでください．	Llame una ambulancia, por favor.
このあたりに薬局はありますか？	¿Hay alguna farmacia por aquí? (南米・**droguería**)
二日酔いの薬をください．	Una medicina para la resaca, por favor.
診断書をお願いします．	Quisiera un certificado médico.
処方箋をお願いします．	Déme una receta, por favor.

■ トラブル

助けて！	¡Socorro!
どろぼう！	¡Al ladrón!
火事だ！	¡Fuego!
パスポートをなくしました．	He perdido el pasaporte.
タクシーの中にビデオカメラを忘れました．	

He olvidado mi videocámara en el taxi.

財布を盗られました．	Me han robado la cartera.
警察署に行きたいのですが．	Quisiera ir a la comisaría. (メキシコ・**delegación**)
警察を呼んでください．	Llame a la policía.
トラベラーズチェックを再発行していただけますか？	

¿Pueden reexpedirme los cheques de viajero (viaje)?

クレジットカードを無効にしてください．
　　　　Anule la tarjeta de crédito.
紛失証明書を発行してください．
　　　　¿Podría hacerme un certificado de pérdida, por favor?

プラサ・マヨール
別冊「便利手帳」

| 検印省略 | © 2007年4月1日　改訂版初版発行
2014年1月30日　第3刷発行 |

著者	パロマ・トレナド アルトゥーロ・バロン・ロペス 青砥清一 高野雅司 高松英樹 二宮哲 柳沼孝一郎
発行者	原　雅久
発行所	株式会社　朝日出版社 101-0065　東京都千代田区西神田3-3-5 電話　03-3239-0271/72 振替口座　00140-2-46008 http://www.asahipress.com/

組版　クロス・コンサルティング/印刷　図書印刷

乱丁、落丁本はお取り替えいたします。